敬語再入門

菊地康人

講談社学術文庫

はじめに

　敬語が苦手な人はかなり多いようです。一方、不自由なく使いこなす人もいます。本書は、苦手な人が敬語の基礎をしっかり身につける上でも、また、すでに十分使いこなせる人が知識を整理・補充する上でも、役立つことを目指した敬語の入門書あるいは再入門書です。

　親しみやすく、使いやすい本になるようにと心がけました。全体を100項目に分け（各項目とも原則として見開き2頁）、Q＆A形式で述べました。文体も「です・ます体」にしてあります。関心に応じて、どの項目から読んでも構いません。予備知識も要りません。巻末には、「敬語ミニ辞典」をはじめ、「敬語腕だめし」・「敬語便利帳」および索引を添えて、読者の便をはかりました。

　親しみやすさとともに、もちろん質的にもできるだけ豊かなものを、限られた頁数の中で目指しました。全体を通読すれば、敬語全般にわたって必要最小限の知識が漏れなく体系的に得られるように、項目の選定と配列には、とくに配慮したつもりです。

　各項の説明にも、特色が出ているはずです。実は、敬語については、これまで多くの言語学者・国語学者が研究してきました。私自身も、敬語を研究テーマの一つにするようになってから、学生時代も含めてすでに20年を超えます。学者の研究は、必ずしも人様のお役に立つことを目指

すわけではありませんが、それでも、これまでの研究成果の中には、世のお役に立てそうな部分も、それなりにあります。本書は、そうした成果を随所に取り入れつつ、敬語の仕組みを紹介しました。最近の研究を反映させたことで、従来の説き方よりもすっきりわかりやすく、またよりよく説けるようになった面が多々あるはずです。仕組みを説くだけではなく、敬語の個人差や、変化しつつある姿にも目を向けました。

　敬語の参考書の多くは、これまで、専門の学者以外の人によって書かれてきました。それはそれで有用だったのでしょうが、中には、問題のある記述も見られました。学界では相応に研究が進んできたのですから、やはり、専門の学者がその成果を活かして書くのが、最もふさわしいでしょう。本書は、そのような動機から書いたもので、従来の類書とは、かなり違うはずです。先学の研究から恩恵を得た面も種々ありますが、ある意味で、ほとんどの項目にも、言語学者としての私自身の見方・捉え方が入っているといえます。

　実用面にも配慮しましたし、またＱ＆Ａ形式や「です・ます体」をとったことから、あるいは、軽い印象を与えてしまうかと少しおそれてもいますが、背後にある研究成果を――そして、ことばを見つめて科学的に解析する言語学という学問の一面を――感じていただくことができれば幸いです。

　このような本なので、実用的な知識を求める読者にも、

また、広くことばに関心のある読書家にも、読んでいただけると思います。社会人ばかりでなく、大学生や高校生にも、あるいは、日本語をある程度学習した外国人の読者にも、十分読んでいただけるはずです。

私は先頃、敬語全般にわたって詳しく扱った『敬語』という本を出しました（角川書店、1994。のち講談社学術文庫、1997）。同書は、幸い、研究・教育関係者ばかりでなく、広く一般の読者も得ましたが、読者からは、「一気に読んだ」という声とともに「もっとコンパクトな形での情報もほしい」という声も届きました。

ちょうどその頃、丸善の島添耕治氏から、本書の執筆を勧められました。同じテーマの本を二冊出すのは気がひけましたが、よりコンパクトに書くことで、一人でも多くの方に敬語に親しんでもらえるなら……と割り切って、今度は詳しさよりも簡明さを趣旨として、新たな気持ちで本書を執筆しました。本書の一部は、雑誌『國文學』（學燈社）1995年12月号所載の拙稿「現代敬語Ｑ＆Ａ40」が基になっていますが、これは同誌の牧野十寸穂氏に勧められての執筆でした。本書が生まれる上でお世話になった島添氏と牧野氏に感謝します。

本文中で紹介する敬語についてのアンケートは、1993年に、648人（男性社会人・女性社会人・男子学生・女子学生各約160人）の協力を得て実施したものです（ただ

し、§84で紹介するものは、1994-95年に行った別のアンケートで、社会人288人の回答結果です）。協力者各位に対しても謝意を表します。

　なお、アンケートの結果で、答の合計が100％にならない場合は、残りが"その他の答"などだとご理解ください。

　本書を読まれた上で、敬語に関心を持たれ、さらに詳しい情報を求められる読者は、ぜひ前著『敬語』もあわせてお読みいただければ幸いです。

　　　1996年7月　　　　　　　　　　　　　菊地康人

学術文庫版に添えて

　もとの版元で品切となっていた本書を、幸い学術文庫から再刊できました。再刊にあたっては、2007年に公になった文化審議会「敬語の指針」にも触れ、「指針」にあわせて原著の「謙譲語A・B」を「謙譲語Ⅰ・Ⅱ」としたほか、改稿を加えました。節によっては全面改稿し、新たな節も加え、章立てや節の順序も一部変えて生まれ変わりました。再刊を勧めてくださった講談社の稲吉稔氏に感謝します。

　　　2010年2月　　　　　　　　　　　　　　著　者

目 次

はじめに……………………………………………………… 3

I 敬語のあらまし……………………………………… 15

 1 敬語とは 16
 2 敬語の「敬意」 18
 3 敬語の使用にかかわる諸ファクター 20
 4 恩恵の捉え方と敬語 22
 5 距離の表現としての敬語 24
 6 待遇表現のいろいろ 25
 7 日本語の敬語の特色 26
 8 敬語の捉え方 28
 9 敬語の種類 30
 10 敬語の効用 / 敬語と人称 32
 11 敬語的人称 34

II 尊敬語の要所……………………………………… 35

 12 尊敬語とは 36
 13 ナル敬語とレル敬語 38
 14 「お/ご〜になる」といえない語 40
 15 「——なさる」と「お/ご〜なさる」 42
 16 主な尊敬語四つの整理 44
 17 スマートな尊敬語づかい 46

18 「なさる」と「なされる」 48
19 可能表現・複合動詞の尊敬語 50
20 「……ている」の尊敬語 52
21 「いらっしゃる」とその周辺 54
22 「くださる」 56
23 所有者敬語 / 尊敬語と「主語」 58
24 「お食べになる」 60
25 「お住みです」 60
26 「……でいらっしゃる」 61
27 「なくなる」 61
28 尊敬語と身内 62
29 名詞の尊敬語 64
30 形容詞の尊敬語 66

III 謙譲語の要所 67

31 謙譲語とは 68
32 謙譲語Ⅰの先方を高める働き 70
33 謙譲語Ⅰの高める対象 72
34 「お/ご —— する」といえる語 74
35 「お/ご —— する」と「——いたす」 76
36 「申し上げる」と「申す」 78
37 「存じ上げる」と「存じる」 80
38 「伺う」と「まいる」 82
39 「お/ご —— いたす」 84
40 「——いたす」と「お/ご —— いたす」 86

41 「お／ご ── 申し上げる」 87
42 「いただく」 88
43 「いただけませんか」 90
44 「申す」を含む語 91
45 丁重語 92
46 謙譲語の典型的な誤用 94
47 聞手を低めてよい場合／二方面敬語 96
48 謙譲語Ⅰとしての「お＋名詞」 98
49 その他の主な謙譲語 100

Ⅳ 丁寧語の要所 …… 101

50 〈話題の敬語〉と〈対話の敬語〉 102
51 敬語としての「です・ます」、
   文体としての「です・ます」 104
52 美化語 106
53 美化語になる語・ならない語 108
54 「ございます」と人称 110
55 「ございます」を使う難しさ 112
56 形容詞の「ございます」形 114

Ⅴ 各種敬語の整理 …… 115

57 敬語の種類の整理 116
58 敬語の種類はいくつ？ 118
59 「敬語の指針」との比較 121
60 主な動詞の敬語形の整理 123

61 「お/ご」の整理 123
　（1）「お/ご」のいろいろ 123
　（2）「お/ご」の使い分け 124
　（3）「お/ご」の付く語・付かない語 125
　（4）「お/ご」の表記 126

VI 賢い敬語・不適切な敬語 … 127

62 上手な敬語づかいのコツ 128
63 「お」の付かない動詞を尊敬語にする 130
64 敬語のバランス 131
65 敬語の賢い"手抜き" 134
66 身内を高める誤り 137
67 身内のような、身内でないような 138
68 どちらに立って、どちらを立てるか 140
69 不快な（?）敬語 142
70 「いただく」「くださる」と助詞 144
71 「お/ご──できる」 146
72 電話をかけるときの「○○と申します」 147
73 二重敬語 148
74 過剰敬語 150
75 「……のほう」 151
76 敬語の誤りのタイプ 152

VII 敬語あれこれ … 155

77 「申される」 156

- 78 「おられる」 158
- 79 「とんでもございません」 160
- 80 「ご苦労さま」と「お疲れさま」 162
- 81 「新年のご挨拶をご遠慮申し上げます」 164
- 82 往復はがきの「ご」のフィロソフィ 166
- 83 身内の呼び捨て 168
- 84 社内の敬語 170

Ⅷ 敬語の変化とバリエーション ……………… 173
―― 現在と将来、年代差、個人差など

- 85 敬語の過去・現在・将来 174
- 86 定着しそうな「ご――される」 176
- 87 「あげる」の美化語化 178
- 88 「お/ご――する」の尊敬語化 180
- 89 「聞手の目線」に立たない敬語 183
- 90 第三者敬語の減少 185
- 91 〈対話の敬語〉の伸長 186
- 92 社会の変化と敬語 188
- 93 ネクタイ敬語 189
- 94 「させていただく」の「乱れ」とその正体 191
- 95 変わりゆく「させていただく」と
  「敬語の歴史」「敬語の現在」 195
- 96 敬語の規範と、一人ひとりの敬語 197
- 97 敬語の個人差 198
- 98 許せる誤り・不快な誤り 200

99　敬語と人柄　203
　　100　むすび　205

付　録…………………………………………………… 207
　付録1　敬語腕だめし　209
　付録2　敬語便利帳　226
敬語ミニ辞典…………………………………………… 241
関連文献………………………………………………… 269
索　引…………………………………………………… 274

敬語再入門

实用临床入门指南

I 敬語のあらまし

1 敬語とは

Q. 敬語は「人を立てる表現」だと思えばいいですか。

　大体そういっていいでしょうが、できるだけ正確な定義を考えてみましょう。

　まず「表現」という語は、広い意味では、言語によらないもの（非言語行動／非言語表現）も指すことがあります。目上に対して丁重にお辞儀をするのと、目上の前で腕組みをするのとでは、その目上に対する態度（"扱い"）がずいぶん違いますが、このように広い意味での人の"扱い"に関わる行動のことを、待遇行動といいます（南不二男氏の用語）。待遇行動の中に、今のような非言語行動と、言語行動とがあるわけです。

　待遇に関する言語行動には、表現内容が問題になる場合と、述べ方が問題になる場合とがあります。人に物を贈るとき「つまらない物ですが」と言うのと「ありがたく思え」と言って渡すのとでは態度がずいぶん違いますが、これは、述べている内容が問題であるケースです。一方、「お客様がいらっしゃった」と「客が来た」と「客の野郎が来やがった」とでは、述べている内容自体は同じことであって、その述べ方がずいぶん違うケースです。

　まとめると、待遇行動は、

$$\begin{cases}\text{非言語行動}\\\text{言語行動}\begin{cases}\text{内容が問題である場合}\\\text{述べ方が問題である場合}\end{cases}\end{cases}$$

と分けられますが、普通はこの最後の場合だけを待遇表現と呼びます。基本的には同じ意味のことを述べるのに、述べ方を変えることで扱いが変わる表現のことです。

上のどの場合にも、プラスの（いわば敬語的な）扱いのものと、マイナスの（反敬語的な）扱いのものがあります。お辞儀や「つまらない物ですが」「いらっしゃる」はプラス、腕組みや「ありがたく思え」「やがる」はマイナスです。プラスのものどうし、趣旨は通うところがありますが、お辞儀や「つまらない物ですが」は、広い意味で人を立てる表現ではあっても、敬語とはいいません。お世辞も敬語ではありません。上のうち最後のケース、つまり待遇表現の中のプラスのもの（とくに敬意や丁寧さを表すもの）だけを敬語と呼びます。なお、先の「客が来た」はプラスでもマイナスでもないニュートラルな待遇表現です。

なおまた、たとえば「書け」より「書いてくれないか」のほうが丁寧でしょうが、「……てくれないか」は別に敬意を表す専用の表現ではないので（「あの人が書いてくれないかな」の場合は丁寧な表現でも何でもありません）、こういうものは敬語とはいいません。

結局、敬語とは、同じ事柄を述べるのに、述べ方を変えることによって、敬意または丁寧さをあらわす、そのための専用の表現だといえます。

2　敬語の「敬意」

Q. 尊敬していなくても、敬語を使うことはありますね。

「日本語では、目上の人の話をするとき尊敬語なるものを使うそうですが、そんなにたびたび人を尊敬していては、さぞかし疲れるのではありませんか」と、心優しい外国人が心配してくれました。「いいえ、ちっとも疲れません。これこそ日本人の美徳で、これが経済成長の原動力にもなったのです」などと答えては、罰があたるというものです。「いいえ、ちっとも疲れません。尊敬語を使うからといって心底尊敬しているとは限らないのです」というほうが、よほど正直でしょう。

社員が社長の話をするとき、社内では周囲を意識して敬語を使うものの、ひとたび社外へ出て社長の噂をする場合はおよそ敬語を使わない、といったことは、よくあるでしょう。こうした社員が、社長に心からの敬意をもっているとは思えません。すると、前項で述べた、敬語は敬意の表現だという述べ方は、修正すべきでしょうか。

しかし、こうした社員でも、ともかく社内では社長に敬語を使うということは、少なくともその場では、社長に対して一種の敬意を示していることになる、といえるでしょう。

敬語は、人間間の上下関係などを考慮して使うことが多いことは確かですが、実は、使うかどうかを究極的に決めるのは、話手（書き言葉なら書手。以下同様）の意図次第です。目下についても高めることはあるし、逆に目上についても高めないこともあります。社長に対して話す場合でも、もしどうしても敬語を使いたくなければ、使わないという選択も——それは何らかの"社会的制裁"を伴うかもしれませんが——ありうるのです。そちらの選択をとらず、敬語を使うほうの選択を自分の意図で行うということは、やはり一種の敬意の表現だといっていいでしょう。

いわば、敬語を使うことで、敬意を示す意図があることを表現している、少なくともその意味で一種の敬意の表現だといえる、ということになるでしょう。ただし、あくまでも、その時・その場における「敬意」であって、恒常的な敬意である保証はありません。

いわゆる尊敬語（詳しくは後で見ますが、たとえば前項で触れた「いらっしゃる」など）は、敬語の中でも、話手が主語に対してそうした敬意を示す表現なのですが、「尊敬」という語には恒常的に尊敬の念をもつという響きがあるので、確かにやや不適切な呼称です。本稿では、尊敬語の定義として「主語を尊敬する表現」ではなく、「主語を高める表現」とします。この「高める」は、その時・その場で高める（「敬意」を示す）意です（「目上」とも限りません。目下を高めることもあります）。ただし、「尊敬語」という用語自体は、そのまま使うことにします。

3　敬語の使用にかかわる諸ファクター

Q. 敬語はやはり「上下」の表現という色彩が強いと思いますが。

「敬意」を示すべく「高める」ということは、「"上"として扱う」ということですから、敬語は、基本的に「上下」の表現です。が、それは言葉の上でそうだということであって、実際の社会の上下と、言葉の上での上下の扱いとが、常に一致しているというわけでもありません。もちろん実際には、社会的な上下の関係に基づいて敬語を使うことが多いでしょうが、決してそれだけではなく、敬語の使用には、他にも、いろいろな社会的・心理的ファクターが関係します。関係するファクターを整理してみましょう。

(1) 社会的ファクター

A. 場面および話題

　同じPさんがQさんにRさんのことを話すのでも、そばで上司が聞いているか/そばに誰もいないか、改まった場面か/くだけた場面か、どのような話題か（たとえば不幸や災難の話だと敬語が出やすい）などによって、敬語を使うか否か、違いが出てくることがあります。

B. 人間関係（話題の人物や話手・聞手の間の）

　① 上下の関係　とくに同一タテ社会内での地位等の上下は、やはり敬語の使用に最も関係するファクターでしょ

I 敬語のあらまし　21

う。他にも、上下としては、いわゆる社会的地位(同一タテ社会には限らない)の上下、同じ方面での先輩・後輩(経験の長短)、年齢の上下などもあります。

② **立場の関係**　一例をあげると、店員やセールスマンが客に丁寧な言葉づかいをするのは、「買ってもらうことで恩恵を受ける」という立場だ(と自分のことを捉えている)——少なくとも、社会的にそう捉える建前になっている——からだといえます。①とは、重なることもありますが、また別の関係です(→次項)。

③ **親疎の関係**　親しくないから敬語を使う、という場合もあります(→§5)。

④ **内/外の関係**　身内を高めてはいけない、といったファクターです(→§28、§66)。

(2) **心理的ファクター**

以上のような社会的なファクターばかりでなく、心理的なファクターが加わります。極端な場合には、勤め先の社長に対しても、敬語を使いたくなければ使わない選択もありうると前項で述べましたが、逆に、目下に対しても敬語を使うこともあります。この場合、「目下でも、言葉の上では"上"として扱おう」と配慮する心理が働いているわけです。社会的な上下の実状とは違った捉え方を、言葉の上ではする——という場合もかなりあるものです。

私たちは、(1)の社会的諸ファクターを計算した上で、究極的には(2)の心理的ファクターを加えて、敬語を使うか否か、どの程度の敬語にするかを決めるわけです。

4　恩恵の捉え方と敬語

Q.「先生もコンパに来たいですか」と言ったら、先生怒って来なかったんですが。

今時の愛すべき学生諸君なら言いかねないでしょうが、先生には失礼でしたね。「いらっしゃりたいですか」と言ったところでやはり失礼なので、実は敬語そのものの問題ではないのですが、なぜ失礼かを考える過程で、敬語の問題と関係してきます。

まず①「先生がコンパに来てくれる」、②「先生にコンパに来てもらう」と、③「先生をコンパに呼んでやる」を比べてみましょう。①②は"先生がわれわれ学生に恩恵を与えてくれる"という捉え方、③は逆に"われわれ学生が先生に恩恵を与える（学生が呼ぶ権限をもっている）"という捉え方です。つまり、恩恵の方向の把握が正反対なわけです。もちろん礼儀にかなっているのは①②、無礼なのは③です。

実状は「呼んでやる」と言いたいほどであっても、「来てくれる」「来てもらう」と表現するのが、日本語の美徳というものです。つまり、実状は必ずしもそうでなくても、〈相手から自分に恩恵が与えられる〉という捉え方をするほうが、相手を立てることになるという発想が、日本語にはあるのです。逆に、実状がかりにそうであったとし

ても、〈自分が相手に恩恵を与える（また、その権限をもっている）〉という述べ方をするのは、とりわけ目上に対しては失礼になります。前項で、上下について社会的な実状とは違った捉え方をする場合に触れましたが、恩恵の把握についても同様の面があるわけです。

実は「……たい(ですか)？」という表現は、自分が相手に恩恵を与える（その権限をもつ）場合に、その恩恵／権限の好意的な行使を得たいかどうかを尋ねる表現としてしばしば使われます。たとえば弟や妹に「コンサートのチケットが余ってるけど、行きたい？」と使うわけで、これは「行かせてやってもいいよ」というのとあまり違いません。Q欄の「先生も来たいですか」も、いわば「来させてやってもいいよ」とそれほど変わらず、失礼になるのです。

ここまではわざと、敬語を使わない例をあげましたが、敬語を使えば、先の①は「先生が来てくださる」、②は「先生に来ていただく」、③は「先生を呼んでさしあげる」となります。①②はもちろん適格です。③は（敬語を使った分、薄まってはいますが）、恩着せがましさを伴い、先生に面と向かっては使いにくいでしょう。

恩恵を受ける表現で、敬語でもある「くださる」「いただく」がよく使われるのは、こうした理由です。Q欄のケースは「先生も来てくださいませんか／来ていただけませんか」が正解です。「来て」を「いらっしゃって」にすればさらに敬度が高まります。「おいでくださいませんか／おいでいただけませんか」という言い方もできます。

5 距離の表現としての敬語

Q. 人と距離をとるために敬語を使うこともありますね。

「敬語はどんなときに使いますか」と先生が授業中に尋ねると、小学生が「夫婦が機嫌の悪いときに使います」と答える、という漫画がありました（東海林さだお『アサッテ君』7161回、毎日新聞1995.5.16）。

映画『釣りバカ日誌』では、主人公ハマちゃんは平社員、スーさんは同じ会社（大会社）の社長で、歴然たる地位の差がありますが、釣り仲間として接するときのハマちゃんは、スーさんに対して、敬語抜きで気さくに話します。ところが、第7作でスーさんが美女と二人きりで釣りに行くという抜駆けをすると、腹を立てたハマちゃんは、やけに丁寧な敬語でスーさんに接する、それがまたスーさんにはこたえる、という一場面があります。

こうした例を見るだけでも、敬語は距離の表現（柴田武氏）だといえるでしょう。親疎の距離次第で──時には、同じ二人の間でもそのときの距離感次第で──敬語を使わなかったり使ったり、ということがあるわけです。ただ、距離というのは、親疎の距離だけではありません。目上に敬語を使うのも、上下の距離を測って、距離を置くほうが礼にかなう、という趣旨からのものだともいえます。

6　待遇表現のいろいろ

Q. 敬語以外の待遇表現も、いろいろあるのですか。

　敬語も含めて、待遇表現（→§1）の意味を分類してみましょう（私自身の分類案です）。
　①《上下》の待遇　いわゆる尊敬語・謙譲語の類です。
　②《丁寧⟷ぞんざい・乱暴》の待遇　《丁寧》の待遇とは、「です・ます」などいわゆる丁寧語。「です・ます」を当然使うべき相手に対して使わなければ、結果として《ぞんざい・乱暴》な印象を与えます。
　③《改まり⟷くだけ/粗野/尊大》の待遇　たとえば男性の一人称代名詞の例では、「わたくし」は《改まり》の表現、「わたし」はニュートラル、「僕」は《くだけ》た、「俺・おいら」には《粗野》な、「わし」には《尊大》な趣がある、とほぼいえるでしょう。
　④《上品⟷卑俗》の待遇　「菓子」に対する「お菓子」の類（後述の美化語→§52）が《上品》、逆に「尻」に対する「けつ」などが《卑俗》な待遇の例です。
　⑤《好悪》の待遇　親愛の情をこめて大人を「〇〇ちゃん」と呼ぶなどが《好》の、「やがる」が《悪》の例です。
　このほか⑥《恩恵の授受》の捉え方が結果として待遇表現に準じる機能をもつことは§4で見た通りです。

7 日本語の敬語の特色

Q. 外国語にも敬語はあるんですか。

　敬語的なものが部分的に見られるという程度なら、多くの（おそらくすべての）言語にあるでしょう。英語でも、依頼の表現として、ただ Please... というより、Would you please ...? のほうが丁寧だといったことは、中学や高校でも習います。ドイツ語やフランス語・ロシア語には、二人称代名詞に、家族や親しい間柄などで使う語形と、そうでない間柄で使う語形とがあり、前者に比べて後者は敬語的だといえるでしょう。そのほか、広い意味での人を立てる表現まで含めれば、もちろん諸言語に見られます。

　「敬語は日本語など少数の言語にしか見られない」と以前はよく説かれたものですが、最近では、たとえば今述べたような諸言語における敬語的なものに注目して、「敬語は多くの言語に見られる」というトーンで説かれることが増えてきました。「多くの」どころか、敬語の範囲を広く捉えれば、おそらくすべての言語に見出せるでしょう。

　しかし、ここでむしろ目を向けるべきは、そうした諸言語の"敬語"と、日本語の敬語とは、やはりずいぶん違うということです。

　相手に何かを要求する表現として、頭を下げての丁重な

依頼から、強い姿勢での命令まで、何段階かの表現があるというようなことは、どの言語にもありそうな、いわばあたりまえのことでしょう。相手を指す言い方に何通りかあるというのも、いろいろな言語にありそうな話です。このように、諸言語に見られる何段階かの依頼・要求表現や二人称代名詞のうち丁寧なほうを、"敬語"と呼びたければ呼んでもいいでしょうが、こうした現象は、別に特筆するほどのことでもありません。

これに対して、日本語の敬語は、依頼表現や二人称代名詞といったごく一部の言語現象だけに見られるのではなく、日本語の言語体系・言語行動全般にわたって広く見られるものです。人間を主語とするたいていの動詞について尊敬語が（動詞によっては謙譲語も）作れるし、多くの名詞や一部の形容詞なども「お/ご」を付けて敬語にすることができます。つまり、たいていの意味内容を述べるのに、敬語を使って述べることができるほどなのです。言い換えれば、何を言うにも敬語に気をつかわなければならない、ということにもなりますが……。

このように日本語の敬語は、部分的にではなく広汎に、いわば高度に体系的に発達している点で、世界の数千の言語の中でも著しいものです。こうした広汎で体系的な敬語の発達は、他に、韓国語/朝鮮語、チベット語、ジャワ語など、少数の言語に見られるだけです。「敬語は日本語など少数の言語にしか見られない」という旧来の述べ方は、その意味では、やはり正しいといえます。

8　敬語の捉え方

　Q. 苦手な敬語、どう整理して頭の中に入れたらいいでしょうか。

　敬語は、①〈語形（かたち）〉、②〈機能（はたらき）〉、③〈適用（あてはめ）〉の三つの面に整理して捉えると、わかりやすいでしょう。
　「先生は明日お帰りになります」という尊敬語の例で見ましょう。まず、
　　「お/ご——になる」という敬語形がある
　　　〔「帰る」に対して「お帰りになる」と言う〕
というのが、①〈語形〉の問題です。そして、
　　「お/ご——になる」には主語を高める働きがある
　　　〔上例なら「先生」を高めている〕
というのが、②〈機能〉の問題です。次項で改めて見るように、主語を高めるのがまさに尊敬語の機能です。さらに、
　　「先生」は、高めるのにふさわしい人物である
というのが、③〈適用〉の問題です。
　この三つすべてが適切に行われてこそ、適切な敬語といえます。言い換えれば、敬語の誤りには①②③の各種の誤りがあります。
　たとえば「先生は明日お帰りになられます」などと言う人がいますが、これは「お帰りになります」でよいところ

を「れる」を重ねたもので、誤りとまではいえないかもしれませんが、違和感のある、不適切といってよいほどの使い方（§73の二重敬語）です。これは、①〈語形〉の不適切の例です。

「先生」は高めるのにふさわしい、と先程は述べましたが、これは、たとえば生徒や保護者が先生のことを述べる場合であって、かりに「先生」の奥さんや子供が他人に「先生は明日お帰りになります」と言えばもちろん変です。「主人は／父は　明日お帰りになります」も同じ誤りで、こういう言い方をする人はたまにいますが、「身内を高めてはいけない」というルール（→§28、§66）を知らないわけです。このように、高めるのにふさわしくない人を高めるような誤りが、③〈適用〉の誤りの例です。

ただ、こうした言い方をする人の中には「身内を高めてはいけない」という〈適用〉のルールを知らないのではなく、要するに「お／ご――になる」は丁寧な言い方だという意識で――つまり尊敬語と丁寧語の区別がつかずに――こう言ってしまう人もいるようです。その場合は、「お／ご――になる」の働きを知らない、②〈機能〉の誤りということになります。

この①②③を区別して捉えるのは、学問的にも実用的にもかなり有用な捉え方です。敬語に慣れた人は①②③が一体となって身についているのですが、慣れていない人の場合、適宜①②③に分けて理解した上で、やがて一体として使えるようになっていくのも一法でしょう。

9 敬語の種類

Q. 敬語の種類っていくつあるんですか。三種類だとか五種類だとか聞きますが。

多くの読者が学校で「尊敬語・謙譲語・丁寧語の三種類」と習われたことでしょう。ところが、2007年に文化審議会が示した「敬語の指針」では五種類立てられていて、一体どうなったのだろう、という声も聞くところです。これについては、詳しくは、もう少し先で触れることにして（→§58）、本書のまだ入口のこの段階では、ひとまずは「三分法」を復習して、これに簡単な補足を加えるだけにしておきましょう。

尊敬語は、話手が主語を高める表現です。前項の「先生は明日お帰りになります」の尊敬語「お帰りになる」も、主語「先生」を高めています。「AさんがBさんをCさんの家からDさんの家までご案内なさった」のように人物が多い場合も、尊敬語「ご案内なさる」によって高められるのは主語「Aさん」だけです。なお名詞の場合は「（先生の）おからだ」のように「……の」にあたる人物を高めるのが尊敬語です。

いわゆる**謙譲語**は、話手が主語を低める表現だといえます。「私が先生をご案内しました」「父は明日帰宅いたします」の「ご案内する」「（帰宅）いたす」は、それぞれいわ

ゆる謙譲語ですが、これらの文では、それぞれ「私」「父」が低められていると感じられるでしょう。ただし、§35以下で見るように、謙譲語には大別して二つのタイプがあり、上の「お/ご──する」は謙譲語Ⅰ、「いたす」(「お/ご」の付かないもの)は謙譲語Ⅱと呼ばれる、異なるタイプです。どちらも、確かに主語を低めはするのですが、主語を低める趣旨などが、だいぶ違います。名詞の例では「(先生への)お手紙」「愚息」などが謙譲語です。なお、どの謙譲語も、自分や身内などを低めながら敬意の表現として働くわけで、§1に述べたマイナスの待遇表現ではなく、プラスの待遇表現つまり敬語です。

　丁寧語は、話手が聞手に対して丁寧に述べる表現で、「本です」「来ます」のような「です・ます」が代表選手です。「ございます」も敬度の高い丁寧語です。この他、「お暑い中をようこそ……」の「お暑い」なども丁寧語です。

　以上が三分法ですが、研究者の間では以前から、この分類の問題点なども指摘されてきました。一つは、「いきなり三つに分かれるのではなく、まず、敬語全体が、登場人物に関わる〈話題の敬語〉(尊敬語・謙譲語)と、聞手に対する〈対話の敬語〉(丁寧語)の二つに分かれ、その上で前者がさらに分かれる(→§50)と見るべきだ」という指摘です。一方、上のように謙譲語に二種あることなどから、「三つに分けるのでは、不十分・不適当だ」(→§58)とも指摘されてきました。では、どう改めたらよいかについては、後で見ることにしましょう(→§57)。

10　敬語の効用 / 敬語と人称

　Q. 敬語を使うと、何かいいことはありますか。

　こういうドライな質問をする人もいるのですが、そもそも敬語は「何かいいことがあるために使う」というものではないのです。いうまでもなく、敬語をふさわしく使うことで、つまり敬意を示すことで——§2で見たような、その場限りの儚(はかな)い敬意であるにしても——、人間関係を円滑にすることが、敬語の最大の効用で、また趣旨でしょう。これ以上いいことがあるものですか……
　確かに、敬語が適切に使えると就職試験で得をしそうですし、その後の社会的成功と、敬語を使う能力とに相関があるかなど、おもしろい研究テーマでしょう。が、その種のことは、あいにく私ども言語学者の研究テーマではありません。社会学者に尋ねてみてください。
　それはそれとして、言葉の世界だけに限っても、敬語の〈人称暗示〉的性質は、敬語の効用といえるでしょう。
　現代の尊敬語・謙譲語の最も典型的な使い方は、
　　私は来週の会には出席いたします（まいります）。
　　あなたも出席なさいますね（いらっしゃいますね）。
のように、
　　一人称者が主語のときは謙譲語を使い、

二人称者が主語のときは尊敬語を使う

というものです。必ずそうしなければならないというわけではないし、三人称者が主語の場合は一概にいえないので、ドイツ語やフランス語の動詞の〈人称変化〉——主語が何人称なら動詞の形はしかじかになるという規則——と同一視するには問題がありますが、ある程度それに似た〈人称変化〉的な性質といえます。

さらに、上の文で主語を抜いて、

　　来週の会には出席いたします（まいります）。

　　出席なさいますね（いらっしゃいますね）。

としても、それぞれ「私は」「あなたは」が主語だと正しく理解されます。先の〈人称変化〉的性質と、日本語では主語を言わなくてよいこととが相伴っての、これは、敬語による〈人称暗示〉ともいうべき便利な性質です。とくに「あなた」という語が使いにくい日本語では、一々「あなた」の「私」のと言わずに、敬語で主語を紛れなく示せるのは実に見事な芸当で、それができれば、敬語の効用を最大限に活かしたスマートな敬語づかいといえるでしょう。

例を追加しましょう。店で、少し大きめの——持ち帰ってもいいし、届けてもらってもいいぐらいの——品物を買ったとします。店員が「お持ちしますか」と言うか「お持ちになりますか」と言うかで、意味は大違いです。「お持ちしますか」なら謙譲語なので「私が持って行きましょうか（配達しましょうか）」の意、「お持ちになりますか」なら尊敬語なので「あなたが持って帰りますか」の意です。

11 敬語的人称

> Q.「敬語と人称」という場合の"人称"は、英文法の"人称"と同じものだと思っていいですか。

少し違います。英語ならmy fatherも your fatherも、heで指すので三人称ですが、日本語は、自分の父親なら、

　　父は来週の会には出席いたします（まいります）。

と、しばしば謙譲語を使い、一方、相手の父親なら、

　　〔あなたの〕お父様も出席なさいますね（いらっしゃいますね）。

と、しばしば尊敬語を使います。つまり、話手の身内は一人称扱いし、聞手の身内は二人称扱いするわけです。

そこで、英語などの人称に多少修正を加えて、
(英語などの)

```
二人称                                    ┐
       ┌ 二人称並み（聞手の身内）          ├ 敬語上のⅡ人称
三人称 ┤ 純粋の三人称  ……………            敬語上のⅢ人称
       └ 一人称並み（話手の身内）          ┐
一人称                                    ┴ 敬語上のⅠ人称
```

と整理し直すほうが、日本語の敬語を捉えるには好都合です。これは、石坂正蔵氏の敬語的人称という考え方を基に、多少アレンジしたものです。以下、本書でⅠ人称、Ⅱ人称、Ⅲ人称という場合は、この敬語的人称によります。

II 尊敬語の要所

12 尊敬語とは

Q.「尊敬語」と「敬語」は同じですか。

「尊敬語」は、「敬語」の中の一つの種類です（→§9）。尊敬語がどういう敬語か、確認しておきましょう。

まず〈語形〉としては、「書かれる・始められる・利用される」のような「……（ら）れる」型のものと、「お書きになる・お始めになる・ご利用になる」のような「お／ご——になる」型のものが、尊敬語の代表選手です（簡単に、前者をレル敬語、後者をナル敬語と呼びましょう）。

〈機能〉としては、

　　社長がこれを書かれた（お書きになった）。

が「社長」を高めるというように、主語を高める敬語です。先にも述べたように（→§2）、"高める"というのは、その場限りの敬意かもしれないので、必ずしも"(恒常的に)尊敬する"ことを意味しないわけで、「尊敬語」という呼称は、本当はやや不適当なのですが、習慣にしたがって、そのまま使うことにします。高める対象は、Ⅱ人称者のことも、Ⅲ人称者のこともあります。

レル敬語・ナル敬語は、多くの動詞について機械的に作れる形（尊敬語の一般形）ですが、尊敬語の中には、以下のように、特定の動詞だけに対応する特定形もあります。

Ⅱ 尊敬語の要所

尊敬語の特定形	対応する普通の動詞
なさる	する
くださる	くれる
おっしゃる	言う
いらっしゃる	来る・行く・いる
おいでになる	来る・行く・いる
見える	来る
ごらんになる	見る
召しあがる・あがる	食べる・飲む
ご存じ	知っている
召す	着る・(風邪を) ひく

このうち「おいでになる」は「出づ」(古語、出る意)にさかのぼる「お出でになる」、「ごらんになる」も「御覧ず」(古語、見る意の尊敬語) を受け継ぐもので、ともに、形としてはナル敬語ですが、機械的には作れない特定形です。「召す」も古語にさかのぼる語で、上記以外の用法もあります (巻末の敬語ミニ辞典の「召す」を参照してください)。なお、上のうち「見える・召しあがる (あがる)・召す」については、これをさらに一般形のナル敬語にして「お見えになる・お召しあがりになる (おあがりになる)・お召しになる」とも言います。二重敬語ですが、以前から使われてきた、問題ないものです。

なお、「なさる」「くださる」は「(ご) 利用なさる」「ご利用くださる」のように、いろいろな動詞とともに一般形として使う用法もあります (→§15、§22)。

13 ナル敬語とレル敬語 ── ナル敬語のすすめ

Q. 尊敬語は、レル敬語が使えるだけでは不十分ですか。

前項でも見たように、尊敬語の代表的な形としては、「書かれる」型のレル敬語と、「お書きになる」型のナル敬語とがあります。

世の中には、レル敬語党の人とナル敬語党の人がいるようです。レル敬語をよく使う人は「ナル敬語は丁寧すぎてうるさい」と感じる傾向があり、一方、ナル敬語を好む人は「レル敬語は安っぽくてぎこちない」と感じるようです。これらの感覚はどちらもあたっているといえばあたっているわけで、結局は好みの問題でしょうが、各自、自分とは好みが違う人もいることを知った上で、要は相手や場合によって使い分ければいいでしょう。もちろん両刀使いの人もたくさんいます。

ただ、レル敬語党の人も、レル敬語がナル敬語よりだいぶ敬度が軽いことは知っておいてほしいところです。それどころか、大まかに言って、たいていの敬語は──たとえば「お/ご──くださる」も「召しあがる」も、あるいは謙譲語「お/ご──する」も「伺う」も──ナル敬語と大体同レベルの敬度であり、言い換えれば、敬語全体の中でレル敬語だけがかなり敬度の軽い敬語なのです(「です・

ます」の敬度はもっと軽いですが)。地域によってはナル敬語を使わず、レル敬語しか使わない地域があり、そうした地域の出身者には、レル敬語をかなり高い敬度の敬語だと誤解している人もいるので、一言付け加えておきます。

というわけで、レル敬語さえ使えれば十分だとは決していえません。国語審議会の「これからの敬語」(1952) にはレル敬語のすすめのような文言も見えますが、実際にはかなり多くの人が敬度のより高い敬語を——時には誤ってでも——使おうとしてきたといっていいでしょう。せっかく敬語を使おうとするなら、ぜひナル敬語も使えるようにしていくことをおすすめします。

ナル敬語の作り方は、かなり機械的で、
　和語（訓読みの語）には「お」を付けて
　　「書く→お書きになる、始める→お始めになる」
　漢語（音読みの語）には「ご」を付けて
　　「利用(する)→ご利用になる、出席(する)→ご出席になる」
とするのが原則です（「お＋和語、ご＋漢語」の原則はナル敬語に限ったことではありません→§61-(2)）。

ただし、たとえば「お見になる・お寝になる」とはいえず「ごらんになる・おやすみになる」としなければならない——というように、機械的にはいかない厄介な制約があるのが難点で（→次項）、習熟が必要です。レル敬語のほうはそういう制約がほとんどなく簡単なので、頻りに使われていますが、それだけにまた、敬度も軽いわけです。

14 「お/ご――になる」といえない語
―― ナル敬語の制約

Q.「ご運転になる」って、何となくおかしいですね。

「お/ご――になる」と言えない場合を整理しておきます。
(1) ――部分が一拍(かな一字分の長さ)の場合や、言い換え形がある場合

A. ――部が一拍で、言い換え形(対応する特定形)がある場合 「する・見る・着る・寝る・来る・いる(居る)」は、それぞれ「おしになる・お見になる・……」などと言いません。――が一拍だと、一般に「お/ご――になる」の形は作れないのです。初めの四語は「なさる・ごらんになる・お召しになる・おやすみになる」、「来る・いる」はともに「いらっしゃる」か「おいでになる」とします。「煮る」のように言い換え形がなくても、「お煮になる」とは言えません。ただし「お出になる」は、「外にお出になる」などと使われることもあります。

B. ――部が二拍だが、言い換え形がある場合 「くれる」の場合、――は二拍ですが、「おくれになる」と言わず「くださる」と言います。この種の語に「食べる→召しあがる」「言う→おっしゃる」「行く→いらっしゃる(おいでになる)」「死ぬ→おなくなりになる」があります(「お食べになる」は§24)。「飲む」は「召しあがる・お飲みに

なる」ともに使います。「お言いになる・お行きになる」も聞くことはありますが、やはり抵抗があります。

(2) 外来語や擬態語・擬音語　「お」も「ご」も付かないので、「メモする・はらはらする」などはナル敬語にできません。「なさる」またはレル敬語を使った「メモなさる(される)・はらはらなさる(される)」は可です。

(3) 意味的・文体的・慣習的な理由でナル敬語が(「お/ご」を冠することが) なじまない語

A. 意味的によくない内容　「おぼけになる」とは言いません(言えば皮肉になります)。類例に「(会社が)つぶれる・倒産する・失敗する」など (ただし「倒産なさる・失敗なさる」は可。「お/ご」がなじまないのです)。

B. 文体的になじまない俗語　「こける・バテる」など。

C. 慣習的にナル敬語が(「お/ご」が) なじまない語　「ねじる・ほどく・運転する・運動する・営業する・実験する・優勝する」など (これも「運転なさる」以下は可)。この (3)-Cは理屈で説けないだけに、慣れない人には最も厄介かもしれません。参考までに、「ご」の付く主な語を付録 (pp.233-235) にリストしておきます。

D. 謙譲語　「お申しになる」などとはもちろん言いません(ただし「おさしあげになる」は§47参照)。

　以上の制約は「お/ご——くださる・お/ご——です」などの場合も同様です。なお、「安心する・結婚する」のように「ご——になる」はやや不自然で「ご——なさる」なら自然という語もあります。

15 「——なさる」と「お/ご——なさる」

> Q.「卒業なさる」は「ご卒業なさる」ともいえるのに、「退学なさる」を「ご退学なさる」とすると、何だか変ですね。

簡単にいえば、「卒業」は「ご」がなじむが、「退学」は「ご」がなじまないということです。前項で「お/ご——になる」といえない場合を見ましたが、「退学」も、前項（3）-Aの、意味的な理由で「ご退学になる」といえないケースです。同様に「ご退学なさる」も変なのです。名詞として使う場合も「ご卒業」はよいが「ご退学」は変です。要するに「退学」は「ご」がなじまない語で、こういうものがあるのです。使えば皮肉のように響いてしまいます。「ご結婚」はよいが「ご離婚」がおかしいのも同様です。これらは意味的に説明できるケースですが、そうは説けず、慣習としかいいようがない、「ご」の付かない語もあります。前項（3）-Cの「運転」などがそうで、「ご運転になる」と同様、「ご運転なさる」もいいません。「運転なさる」なら構いません。付録の「ご」の付く主な語のリスト（pp.233-235）を参考にしてください。

「お/ご」の付かない「——なさる」と、「お/ご——なさる」とには、もう一つの違いもあります。

「お/ご」の付かない「——なさる」のほうは、「メモする→メモなさる、はらはらする→はらはらなさる」のよう

に外来語や擬態語・擬音語の場合にも使えます。上述のように「運転する→運転なさる」など、「ご」のなじまない漢語にも使えるので、要するに、およそ「——する」型の**動詞**（サ変動詞）すべてについて作れるわけです（もちろん、単独の「する」も「する→なさる」とできます）。その一方、非「——する」型の動詞については作れないのです（「話しなさる」などと言う人もいますが、標準的な言い方ではありません）。

これに対して「お/ご～なさる」はどうでしょう。まず「ご～なさる」のほうは、「——する」型動詞の中でも漢語（しかも上のように「ご」のなじむ語）の場合しか作れません。この点は「——なさる」より守備範囲が狭いのですが、一方、非「——する」型動詞についても、「お～なさる」のほうなら、「話す→お話しなさる、調べる→お調べなさる」などと使えます。もっとも、この「お～なさる」のほうはやや古めかしく、「ご～なさる」に比べてあまり使いませんが、この点多少目をつぶれば、基本的には、「お/ご～なさる」は「お/ご～になる」と同様の守備範囲だといえます。「——する」型か否かを問わず、「お/ご」がなじむかどうかの問題です。

このように「——なさる」と「お/ご～なさる」は、使える動詞の範囲が違うので、本書では、片や——、片や～で示します。もちろん、両方とも使える語も多く、その場合は「ご卒業なさる」のほうが「卒業なさる」より高い敬度ですが、それほど大きな差でもないでしょう。

16 主な尊敬語四つの整理

Q. いろいろな尊敬語、「早わかり」の表に整理することはできませんか。

四つの主な尊敬語について、どのような語（漢語・外来語……）についてその〈語形〉が作れるのかを、右の表に整理してみました〔ここでも、──と──と……とは、少しずつ守備範囲が違うので、違う記号にしました。以下同様〕。漢語Ａとは「利用・卒業」など「ご」と結び付きうるもの、漢語Ｂは「運転・退学」など「ご」と結び付くことのできないものです。○は言える形、×は言えない形、△は言う人もいるが標準的ではない形です（「ご──なさる」でなく「お──なさる」は、前述（→§15）のように古めかしい感がありますが、一応○にします）。なお「お／ご──される」は、規範的には正しい敬語ではないとされているので（→§86）、表から除いておきます。

表を横に見ると、すべて○なのはレル敬語だけです。が、敬度は軽いので、他の尊敬語を使おうとするならば、どうするのが最もよいでしょうか。他には、横に見てすべて○のもの（すべての場合をカバーできるもの）はないので、二つ（以上）の形を、互いの"弱点"をカバーし合うように併用せざるを得ません。どうしたらいいか、表を見ながら考えてください。答（私案）は次項です。

	非「——する」型（非サ変）	「——する」型（サ変）		
		漢語A	漢語B	和語の擬態語	外来語
お/ご～になる	○ お読みになる	○ ご利用になる	× ご運転になる	× おはらはらになる	× おスケッチになる
お/ご～なさる	○ お読みなさる	○ ご利用なさる	× ご運転なさる	× おはらはらなさる	× おスケッチなさる
——なさる	△ 読みなさる	○ 利用なさる	○ 運転なさる	○ はらはらなさる	○ スケッチなさる
……(ら)れる	○ 読まれる	○ 利用される	○ 運転される	○ はらはらされる	○ スケッチされる

17　スマートな尊敬語づかい

Q.「一つ覚え」じゃない使い方がしたいんですが。

　レル敬語は前頁の表のように守備範囲も広く、しかも、§14でナル敬語について見たような制約もほとんどないので、ほぼ、どんな動詞でも作れます。が、それだけに、レル敬語だけを使っていると、敬度も軽い上、一本調子になり、「一つ覚え」という印象を与えてしまいます。

　尊敬語だけでももっとスマートに使いこなすために、まずは「二つ覚え」または「二本調子」から始めましょう。以下に紹介するのは、私が考えつき、いくつかの大学などで紹介してそれなりに好評を得てきた方法です。

---

① 「──する」型の動詞（サ変動詞）の場合：
　　機械的に「する→なさる」と変える
　　（「ご」を付けず、単に「──なさる」とする）
② その他の動詞の場合：
　　「お──になる」にする（ただし、§14の制約に注意）

　これが、その「二つ覚え」です。以下に解説しましょう。
　「する」の尊敬語として、「なさる」はレル敬語「される」より敬度が高いといえます。「利用する・出席する」

のような「──する」型の動詞も、「利用なさる・出席なさる」のように「──なさる」の形にすれば、レル敬語より高い尊敬語になります。もちろん「ご利用になる（ご利用なさる）・ご出席になる（ご出席なさる）」のような「ご──になる（ご──なさる）」のほうがさらに敬度が高いでしょうが、あえてそうまでしなくても、というのが、（敬語に慣れていない人への）私のアドバイスです。

というのも、「──する」型の動詞には、先に見た「倒産する・退学する」や「運転する」のように「ご」と合わない語（前項の漢語B）も多いからです。慣れない人の場合、付けてはいけない語に「ご」を付ける失敗をするより、「──する」型の動詞の場合は一律に「ご」の付かない「──なさる」を使うほうが安全です。外来語や擬態語「メモする・はらはらする」も、「──なさる」でカバーできます。先の「利用・出席」のように「ご」が付くと確信できるタイプの漢語（前項の漢語A。付録pp.233-235に所載の語）なら、もちろん付けていいのですが、付けなくても、さほど敬度は変わらないでしょう。

そして、非「──する」型の一般の動詞の場合は、ナル敬語を使えばいいのです。非「──する」型に限れば、実はほとんどの場合、「お／ご」は「お」になります。

というわけで、先の①②の「二つ覚え」という結論になります。簡単で賢明でスマートな使い方です。あとは§14の制約に注意し、主な言い換え形に慣れてください。

18 「なさる」と「なされる」

  Q.「……なさった」より「……なされた」のほうが敬度が高いのでしょうか。

「ご入院なされたそうで」「退職なされて」などと「なされる」という形を使う人が時々います。このほうが敬度が高いのでしょうか。一言でいえば、敬度が高いわけではなく、いわば古めかしい言い方です。

「なさる」は、元々「する」意の動詞「なす」に、古文のいわゆる尊敬の助動詞「る」が付いたものです。「る」は下二段活用なので、「なさる」も元来は下二段活用でした。下二段活用の語は一般に、のちに下一段活用に変わったので、その一般法則からすれば、「なさる」は「なされる」となって下一段の活用をするはずです。つまり、
  ① なされない、なされよう（とする）、なされます、
　　　なされ（中止形＝テン（、）の前の形）、なされて、
　　　なされた、なされる、なされれば、なされよ
のように活用するはずです。

ところが、「なさる」の場合、一般法則の通りではなく、すでに江戸時代のうちに下二段から四段活用に変わりました。四段活用は現在は五段活用になり、「なさる」も、
  ② なさらない、なさろう（とする）、なさいます、
　　　なさり（中止形＝テン（、）の前の形）、なさって、

なさった、なさる、なされば、なさい

と活用するようになりました。普通の五段活用とは少し違うので（普通の五段活用なら「なさいます」「なさい」でなく「なさります」「なされ」となるところです）、**変則的五段活用**とでもいえるでしょう。「くださる」「おっしゃる」「いらっしゃる」も変則的五段活用です。

　現代の標準的な使い方は、この②です。ところが、地域によっては、下二段から四段への変化が十分起こらず、そうした地域では、下二段がそのまま一般法則により下一段になって、現代でも①のように使う、というところがあるようです。地域差だけでなく、個人差もあるかと思います。

　というわけで、①のように使う人も、②のように使う人も（また両方を適宜組み合わせて使う人も）いることになりますが、②のほうが標準的で、②のように言う人から見ると、①のような言い方は大げさに、あるいは古めかしく映ります。上例なら、「ご入院なさったそうで」「退職なさって」のほうが普通です。

　なお、標準的な②によって「なさる」を使う人の場合、「なされる」は実は可能表現になります。「なさる：なされる＝書く：書ける」だからです。たとえば「ご出席なされる」は「出席できる」意の尊敬語になります。もっとも、可能表現の尊敬語としては、この形はそれほど使われてもいないようで、「ご出席になれる」（→次項）のほうが一般的です。が、「ご」のなじまない語の場合は、たとえば「運転なされる」で可能表現の尊敬語になります。

19 可能表現・複合動詞の尊敬語

Q.「お読めになる」「お読み始めになる」……何だかおかしいですね。

　まず可能表現の尊敬語から。たとえば「答える」の可能表現は「答えられる」ですが（若年層は「答えれる」かもしれませんが）、この尊敬語（たとえば「先生は、どんな質問にも答えられるほど、何でもよくご存じだ」の下線部に対応する尊敬語）は何でしょうか。「答えられる」全体を「お——になる」の——に入れて「お答えられになる」とは言いません。「お答えになれる」が正解です。

　同様に「先生はロシア語が読める」の尊敬語も「お読めになる」は変で「お読みになれる」です。「出席できる」の尊敬語は（「(ご)出席なされる」もありますが→前項）「ご出席になれる」が最も自然です。「何でも食べ(ら)れるようになった」の尊敬語は「召しあがれる」です。つまり、いずれも、**尊敬語を作ってから可能形にする**わけです（可能形を作ってから尊敬語にするのではなく）。

　ちなみに「お/ご——できる」は謙譲語（後出の謙譲語Ⅰ）「お/ご——する」の可能形で、「私は、来週なら皆さんをご招待できます」などと使うべきものです。尊敬語として「ご出席できますか」「会員以外の方はご利用できません」などと使うのは、増えてきていますが、本当は誤り

で、「ご出席になれますか」「ご利用になれません」が正しい形です（→§71）。

複合動詞については次の三つのタイプがあります。

① 複合動詞の前半だけ「お〜になる」の〜のところに入れ、それに後半をつぎ足して尊敬語を作るもの

具体的には、「〜始める・〜かける（始める意）・〜続ける・〜終える（終わる）」型の複合動詞の場合がこうです。たとえば「読み始める・読み続ける」の尊敬語は「お読みになり始める・お読みになり続ける」が普通です。「お読み始めになる・お読み続けになる」は、違和感があります。この①の場合、前半を尊敬語にしてから複合形にするわけで（複合形を作ってから尊敬語にするのではない）、原理は可能表現の場合と同じです。なお、漢語系の「研究し続ける」などの場合は、「（ご）研究をお続けになる」などとすればよいでしょう。

② 複合動詞全体を「お〜になる」の〜に入れて尊敬語を作るもの

これは、①以外の一般的な複合動詞で、ナル敬語にできる語の場合です。たとえば「受け取る→お受け取りになる」など。ほかに「取り寄せる・引き受ける・書きあげる・立ち寄る」なども、この方法でナル敬語が作れる。

③「お〜になる」の形が作れないもの

実は複合動詞には、この③、つまりナル敬語が作れない（作りにくい）語が少なくありません。「投げ捨てる・読み進める・使い慣れる・振り返る」など。

20 「……ている」の尊敬語
――「お/ご〜です」のすすめ

Q.「読んでいる」を尊敬語でいうとどうなりますか。

「読んで」を尊敬語にすると「お読みになって」、「いる」を尊敬語にすると「いらっしゃる」になります。

    _a読んで _bいる
  _Aお読みになって _Bいらっしゃる

このように、両方を敬語にして、

 ①「お読みになっていらっしゃる」（A + B）

とするのがいちばん高い敬度ですが、

 ②「読んでいらっしゃる」（a + B）
 ③「お読みになっている」（A + b）

のように片方だけ敬語にすることもできます。どれも正しい敬語です（①は、二つの語がそれぞれ別々に敬語になるわけですから、いわゆる二重敬語ではありません。→§73）。一般的には、後半だけを敬語にすることが多いので（→§62）、この中では②の「読んでいらっしゃる」がよく使われます。

 ①②③どれも長いなあ……と、敬語に慣れない人は感じるかもしれません。といって、レル敬語系の「読まれている」は（誤りとはいえませんが）あまりこなれていないし、「読んでおられる」は誤用の疑いもあり（→§78）、

少なくとも話し言葉としては硬いでしょう。

そこで便利なのが、④「**お読みだ（です）**」式の言い方です。作り方は「お/ご——になる」と同様で、「になる」を「だ（です）」に変えるだけです。読書中の人に「何を読んでいますか」というところを尊敬語で「何をお読みですか」というわけです。「いい物をお持ちですね」「もうお聞きでしょうが」などと使いこなすと、とても便利です。制約や言い換えもナル敬語と同じで、「見ています・寝ています」は「ごらんです・おやすみです」となります。「知っています」は「ご存じです」です（この否定形は「ご存じでない・ご存じない」ともに使います）。「お/ご——でいらっしゃいます」とすると、一層敬度が高くなります〔「でいらっしゃる（いらっしゃいます）」は、「だ（です）」の尊敬語→次項および§26〕。

なお、この「お/ご——だ（です）」は、「今お帰りですか（＝お帰りになったのですか）」のように「……ている」の意ではなく使うこともあります。また、「おいでだ（です）」「おありだ（です）」などの場合は、ナル敬語「おいでになる」「おありになる」とほぼ同義になります。

初めに述べた、二つの動詞が「て」を介してつながった表現の敬語形の作り方の原理は、「……ている」の場合に限らず、「……ていく・……てくる・……てみる・……てしまう・……ておく」などでも同じです。ただし、先の②③どちらが好まれるかは語によって違い、たとえば「書いておく」は「お書きになっておく」のほうが自然です。

21 「いらっしゃる」とその周辺

> Q.「子供がいる（ある）」を尊敬語でいうと「お子さんがいらっしゃる／おいでになる／おられる／おありになる」……どれにしましょう。

「いらっしゃる」「おいでになる」は、「いる（・来る・行く）」の尊敬語です。「○○がいらっしゃる／おいでになる」の主語○○を高めるので、「お子さんがいらっしゃる／おいでになる」の場合は直接には「お子さん」を高めます（もっとも、それを通して親を高める結果にもなりますが）。「いらっしゃる」のほうは、たとえば公的な文書や論文など硬い文体では使いにくい面がありますが、会話ではよく使われます。女性語的だという印象をもつ人もいるようですが、女性専用の語ではなく、男性も使います。「おいでになる」は「おいでだ」とも言います。

「おられる」は、「いる」のレル敬語「いられる」を普通は使わないので、かわりに使われているのだと見られます。かなり使われていますが、実は規範的には問題のある形です（→§78）。

「おありになる」「おありだ」は、持っている意の「ある」の尊敬語です。たとえば「社長(に)は財産がある」の「ある」を尊敬語にすると、「社長(に)は財産がおありになる／おありだ」となります（この場合「社長」が主語です

→§23)。そこで、「先生(に)は お子さんが おありにな る/おありだ」は、「お子さん」ではなく「先生」を高め ることになります。

結局、
　　先生(に)は お子さんが いらっしゃる/おいでにな る/おいでだ/おられる。
は、直接には「お子さん」への尊敬語、
　　先生(に)は お子さんが おありになる/おありだ。
は「先生」への尊敬語ということになります。「おられ る」はともかくとして、他はすべて適切な敬語です。

なお、「いらっしゃる」「おいでになる（おいでだ）」 は、「……ていらっしゃる」「……ておいでになる（おいで だ）」の形で「……ている（くる・いく）」の尊敬語として も使い（→前項）、また「いらっしゃる」は「……でいら っしゃる」の形で「……だ」の尊敬語としても使います （たとえば「社長は釣りの名人でいらっしゃる」。主語「社 長」を高めます→§26)。「……ていらっしゃる」「……で いらっしゃる」の場合、会話では「いらっしゃる」の 「い」が落ちて「らっしゃる」となることがあります。

「いらっしゃって」「いらっしゃった」は、たとえば「ぜ ひいらしてください」のように、会話で「いらして」「い らした」となることもあります。「……て（……で）いら っしゃって」「……て（……で）いらっしゃった」の場合 は、「い」も落ちて、「……て（……で）らして」「……て （……で）らした」ともなります。

22 「くださる」

> Q.「説明してくれる」を尊敬語でいうと、どうなりますか。

　まず、「……をくれる」という場合から入りましょう。「太郎君が資料をくれた」の主語を「先生」に変えると「先生が資料をくださった」となりますから（いや、やっぱり「先生が資料をくれた」としか言わないよ、という学生も大勢いることは私もよく知っていますが、心ある学生さんならこう言うはずです……）、「くださる」は「くれる」の尊敬語です。「おくれになる」とはいわず、かわりに「くださる」というわけです。

　次に、「……てくれる」の場合、たとえば「先生が推薦状を書いてくれた」を、尊敬語を使っていうと、どうなるでしょうか。基本的な考え方自体は§20と同じで、

　　　　　書いて　くれた
　　　　　　↓　　　　↓
　　　お書きになって　くださった

ですから、両方を尊敬語にして、

　①「お書きになってくださった」

とするか、後半だけを尊敬語にして、

　②「書いてくださった」

となります（この場合、前半だけを尊敬語にした「お書きになってくれた」は不自然です）。が、もう一つ、

Ⅱ 尊敬語の要所

　①′「お書きくださった」

という形もできます。これが本項のポイントです。

　漢語系の動詞、たとえば「説明してくれた」の場合は、

　①「ご説明なさってくださった（説明なさってくださった、ご説明になってくださった）」

　②「説明してくださった」

　①′「ご説明くださった」

となります（「ご説明してくださった」は、§46で見るように誤りです）。

　この①′「お/ご～くださる」は簡単で敬度も高く、便利な形です。「お/ご～になって（なさって）くださる」の「になって（なさって）」が落ちた、いわば縮約形ともいえますが、むしろ①より①′のほうが自然な場合もあります。作り方としては、

　　ナル敬語「お/ご～になる」の「になる」を「くださる」に変えて作ればよい

わけです。ただし、「お/ご」のなじまない語の場合は、②の「……てくださる」によるしかありません。

　「くださる」は本来は恩恵を受ける場合の表現ですが、実際にはそうでない場合にも拡張して使われることがあります（→§4）。「ください」は文法的には「くださる」の命令形ですが、恩恵を得るという原義とは無関係に、たとえば道を尋ねられて「そこを右に曲がってください」というように（この場合、話手には何の恩恵もないわけですが）広く使われ、依頼・要求などの表現として定着しています。

23 所有者敬語／尊敬語と「主語」

Q.「パソコンで目がお疲れになる」「別荘がおありになる」は「目」や「別荘」を高めているのですか。

これらの表現をおかしいと感じる人もいるらしいのですが、敬語に慣れた人にとっては、決しておかしい表現ではなく、誤りでも過剰敬語でもありません。ただし、文法的な説明は、二つの場合で違います。

「目がお疲れになる」は、文法的には確かに「目」が主語なので、直接には「目」を高めるともいえるでしょうが、実際の効果は「……の目」の「……の」にあたる人物、つまり「目」の"所有者"を高めるものです。このように、動詞や形容詞・形容動詞の尊敬語が、主語の"所有者"を高める場合を**所有者敬語**と呼びます。「頬っぺたが、またお太りになったんじゃないかしら」（川端康成『雪国』）や「（ご）健康が回復なさる」「（先生の）絵が賞をお受けになった」「字がおきれいだ」などが類例です。「御目のしりの少しさがり給へるが……」（『大鏡』師尹伝。宣耀殿女御）のように古文にも見えます。

ただし、この種の表現は、もちろん無制限にできるわけではなく、たとえば「（社長の）別荘がお燃えになった」「（先生の）外車がパンクなさった」とは言いません。どのような場合に言えるのかは慣習的な面が大きいと思います

が、身体や作品の場合に使われやすいようです（角田太作氏に、より詳しい研究があります）。「（先生の）お子さんがお生まれになった」も、「お子さん」を高めながら、実は「先生」を高める所有者敬語だといえるでしょう。

　一方、「別荘がおありになる」では、実は「別荘」は主語ではありません。近年の言語学では、「X（に）はYがZ」型の文で、Zが〈所有〉の（＝「持っている」意の）「ある」や、〈可能・必要・心理的な内容〉等の意の語の場合は、Xを主語、Yを目的語と見る考え方が有力です。

　　社長(に)は別荘がある。
　　先生(に)は中国語が読める。
　　社長(に)はお金が要る。
　　先生(に)はそれが辛（つら）い。

などの文（括弧内の「に」はあってもなくてもよい）では、「社長・先生」が主語で、「別荘・中国語・お金・それ」は「が」が付いているが主語ではなくて目的語です。〔「には」が付いた語（の一部）も主語に含めるのが新しい点です。詳述は避けますが、このほうが合理的なのです。〕

　こう見ると、「社長(に)は別荘がおありになる／おありだ」「先生(に)は中国語がお読みになれる」「社長(に)はお金がお要りになる」「先生(に)はそれがお辛い」などは、主語「社長・先生」を高める尊敬語の構文として成り立つ、という説明もつきます。その主語が省略されたのが、問題の表現です。「別荘がお燃えになった」は×でも、「別荘がおありになる」は○なのです。

24 「お食べになる」

Q.「お食べになる」は誤りなのですか。ずっと使っていたのですが……。

敬語を使い慣れた人は一般に「召しあがる」を使い、「お食べになる」とは普通言いません。「食べる」は歴史的に謙譲語起源の語なので、言いにくい——という面も当初はあったのでしょう。しかし、近年は「お食べになる」もかなり増えています。「食べる」が謙譲語起源だという意識もなくなっている今日、無理もないことですが、「召しあがる」のほうが無難です。「お食べくださる」も、「召しあがってくださる」のほうが普通です。

25 「お住みです」

Q.「いい所にお住みですね」……少し変でしょうか。

§20の「お 〜 です」の形で、理屈上は誤りではないはずですが、普通、「お住みです」ではなく「お住まいです」と言います。ナル敬語も「お住まいになる」が普通です。古語「住まふ」に由来し、名詞「住まい」も同源です。

26 「……でいらっしゃる」

Q.「ご出身はどちらでいらっしゃいますか」というのは、正しいのでしょうか。

「……でいらっしゃる」は「……だ」の**尊敬語**で、主語を高めます。「先生は理学博士でいらっしゃる」は「先生」を高めるわけです。Q欄の文は、実は所有者敬語（→§23）で、主語「ご出身」に「……の」で係る人物つまり「あなた」を高める正しい使い方です。「お仕事は○○関係でいらっしゃる」なども同様です。ちなみに、これらの文で「……でございます」は問題があります（→§54）。

27 「なくなる」

Q.「なくなる」は「死ぬ」の尊敬語ですか。

「死ぬ」という直接的な表現を避けて婉曲に述べた故人への配慮の表現ですが、身内にも使うので、普通の意味での尊敬語とはいえません。むしろ美化語（→§52）系でしょう。「なくなられる」「おなくなりになる」と言って初めて尊敬語になり、これは身内には使えません。

28　尊敬語と身内

　Q．身内を高めてはいけないんですね。

　これまでは、§8で見た三つの観点のうち〈語形〉と〈機能〉の話が中心でしたが、このあたりで〈適用〉にも触れておきましょう。
　　主人は／父は　明日お帰りになります。
がおかしいという例（§8）で見た通り、
　身内を高めてはいけない
というのは〈適用〉の大原則です。§11と関連づけて述べれば、自分の家族は、英語でならhe/sheと三人称になりますが、日本語の敬語的人称としてはⅠ人称扱いであり、これを高めてはいけない——つまり、「私は明日お帰りになります」がおかしいのと同じように上の文もおかしい——、というわけです。敬語上のⅠ人称者を高めてはいけない、という述べ方もできます。
　もっとも、これは昔からそうだったわけではありません。古文には、身内を高めた使い方が（それどころか、古くは天皇が自分の行為に尊敬語を使う〈自敬表現〉さえ）見られます。だいぶ時代が下っても、レル敬語なら身内に使ってよかったようです。現代でも、地域によっては身内を高める習慣の地域があります。現代の標準的な使い方の

II 尊敬語の要所

ような身内への敬語の抑制が、どのようにして始まり、どのようにして浸透してきたのかは、興味深いところです。

ところで、身内には、〈他人と話す場合の家族〉だけではなく、〈社外の人と話す場合の社内の人物〉なども含まれます。社外の人から「課長さん、いらっしゃいますか」と尋ねられた課員が「はい、いらっしゃいます」と言っては誤りで「はい、おります」と言わなければならない——などというのは、よく説かれている通りです。

結構多いのが「このペンダント、主人の姉がくださったのよ」などのように、配偶者の親族（義父母や義兄姉など）を高める誤用です。血のつながりがないから身内という意識に欠け、しかも自分から見て上なので、つい使ってしまいがちなのでしょうが、他人に話す場合は、自身の親族はもちろん、配偶者の親族も広く身内扱いすべきです。親族には、祖父母やおじ・おばなども含まれます。もっとも、他人に話すのではなく、配偶者やその親族に話す場合には、今の例なら「おねえさまがくださった」とすべきです。問題の人物を身内扱いすべきかどうかは、当然ながら、話の相手次第で変わります。

身内を高めるべからずというのは、尊敬語の場合だけではありません。謙譲語の中には動作の向かう先を高めるものがありますが（後出の謙譲語I）、それらを「私が主人を／父を ご案内しました」などと使うと「主人／父」を高めることになり、誤りです。身内ということが言葉に絡む問題については§66-§68、§83でも触れます。

29 名詞の尊敬語

Q. 名詞の場合、尊敬語にするには「お/ご」を付ければいいのですか。

名詞の尊敬語とは、「お帰り・ご出席・おからだ・ご住所」のように、その名詞に「……の」で係る人物(「……のお帰り」の……にあたる人)を高めるものです。「お帰り・ご出席」のように動作性の名詞の場合は意味上の主語を高める、「おからだ・ご住所」のように非動作性の名詞の場合は、その(広い意味での)所有者を高めるといってもよいでしょう。〔なお、§23で「目がお疲れになった」のようなものを所有者敬語と呼んだのは、動詞や形容詞などが、主語ではなく、主語の所有者を高める場合の話です。名詞の尊敬語は、所有者を高めるのが本来のありようなのですから、「おからだ・ご住所」の類は、とくに所有者敬語とは呼びません。〕

名詞を尊敬語にするには、基本的には「お/ご」を付ければいい(和語には「お」、漢語には「ご」が原則→§61-(2)。だから「おところ」「ご住所」となります)といえますが、もちろん、「お/ご」のなじまない語もたくさんあり、なじまない語に付けると滑稽なこと(あるいは皮肉)になってしまいます。「ご兄弟」はよくても「ご姉妹」はおかしいというように、どんな語に「お/ご」が付

Ⅱ 尊敬語の要所

くかは、つまるところは慣習的なものです。

なお、「お／ご＋名詞」がすべて尊敬語とも限りません。謙譲語Ⅰや美化語の場合もあります（→§48、§61-(1)）。

名詞の尊敬語を作る接頭辞としては、ほかにも、

「御-」（「御地」〈あなたのお住まいの地〉など）

「貴-」（「貴社・貴信」など）

「玉-」（「玉稿」〈あなたの原稿〉など）

もあります。なお「貴社」の意で「御社」と使う人がいますが、これは比較的新しい言い方で、一種の社会方言なのでしょう（私自身の語感では抵抗があります）。また、

「賢-」（「御賢察」など）

「高-」（「御高名・御高配」など）

「尊-」（「御尊顔（を拝す）」「御尊父（様）」など）

「芳-」（「御芳名」「御芳志」など）

「令-」（「御令室（様）」「御令兄（様）」など）

のように、その上にさらに「ご」を冠して使う（ことが多い）語もあります。以上のうち「御・貴・高・尊・令」については、巻末の敬語ミニ辞典を参照してください。

なお「係の方」「昨日いらっしゃった方」などの「方」は、「人」の意の尊敬語です。企業や役所などで、社外（部外）の人に対して社内（部内）の人物のことを「今、担当の方がいませんので……」などと言うのを時々聞きますが、尊敬語なのですから身内に使ってはいけません。「担当の者」というべきところです（「方」が尊敬語、「人」が中立、「者」が謙譲語という関係です）。

30　形容詞の尊敬語

Q. 形容詞の尊敬語というのもあるのですか。

　形容詞・形容動詞についても、主語を高める尊敬語の形が作れるものがあります。作り方は、次の二つがあります。
① 「お/ご」を付ける（「お忙しい・お優しい・お若い・お好き・ご丈夫・ご熱心」など）。
② 形容詞は「……くていらっしゃる」、形容動詞は「……でいらっしゃる」とする（「目が大きくていらっしゃる」「誠実でいらっしゃる」など）。

　①はもちろん、慣習的に「お/ご」を付けてよい語の場合だけです（この場合も「お＋和語、ご＋漢語」が一応の原則ですが、「おきれい・お元気」など例外もあります。なお「お/ご＋形容(動)詞」がすべて尊敬語というわけでもありません→§61-(1))。「お/ご」のなじむ語の場合は、①と②を組み合わせて「お優しくていらっしゃる」「ご熱心でいらっしゃる」とすることもできます。

　なお、「使いやすい」のような「動詞＋やすい（にくい）」型のものは「お使いやすい」でなく「お使いになりやすい」です。「お求めやすい」は「安い」意の婉曲表現として定着しつつありますが、本当はおかしい表現で、「お求めになりやすい」というべきところです。

III 謙譲語の要所

31 謙譲語とは

Q.「謙譲語」というのは、どんな言葉でしたっけ。

尊敬語が主語を高めるのに対し、主語を低めるという性格をもつのが謙譲語です（主語はたいていの場合、話手自身か身内——§11の"敬語上のⅠ人称"——です）。ただし、いわゆる謙譲語にも、主なものだけでも二種あります。謙譲語Ⅰ、謙譲語Ⅱと呼んでおきますが（大石初太郎氏の謙譲語A、Bにならう）、両者は実はずいぶん違います。その点はあとまわしにして、まず謙譲語の主なものとしてどんな〈語形〉があるかを確認しておきましょう。

●謙譲語Ⅰ

お/ご〜する　私が皆さんをお招きしましょう/ご招待
　　　　　　しましょう。
お/ご〜申し上げる　私が皆さんをお招き申し上げましょう/ご招待申し上げましょう。
申し上げる　社長にそのことを申し上げた。（言う意）
存じ上げる　〔あなたの〕お父様をよく存じ上げております。（知る意）
伺う　　　　先生からそのことを伺いました。（聞く意）
　　　　　　〔あなたに〕ちょっと伺いますが。（尋ねる意）
　　　　　　社長のお宅に伺った。（訪ねる意）

III 謙譲語の要所　69

いただく　　奥様から絵をいただいた。(もらう意)
さしあげる　皆さんに記念品をさしあげた。(贈る意)
お目にかかる　先日奥様にお目にかかりました。(会う意)
お目にかける　これを〔あなたに〕お目にかけましょう。
　　　　　　(見せる意)
ごらんに入れる　これを〔あなたに〕ごらんに入れましょ
　　　　　　う。(見せる意)
拝見する　　先生の作品を拝見した。(見る意)
拝借する　　奥様から傘を拝借しました。(借りる意)
●謙譲語II
いたす　　　私がいたします。(する意)
――いたす　来週中国へ出張いたします。(――する意)
申す　　　　父がそう申しました。(言う意)
存じる　　　そのことなら存じております。(知る意)
　　　　　　誠にうれしく存じます。(思う意)
まいる　　　父がまいります。(行く・来る意)

　〈語形〉的には、Iは「お/ご」や「拝」が付くか「……
あげる」型のものが多いのに対し〔これ以外の代表的なIと
しては「伺う」「いただく」〕、IIにはこうした形のものはあ
りません。〈機能〉の最も大きな違いは、Iは、上例の下
線部のような「…を・…に」などの人物（補語）を高める
働きがあるのに対し、IIにはその働きがない、ということ
です。この点は次項以下で詳しく確認します。

　この他、「お/ご――いたす」は、I・II両方の性質を
もった、いわば謙譲語IIIです（→§39、§40）。

32 謙譲語Ⅰの先方を高める働き

Q. 自分を低めたいときは謙譲語を使うんですね。

謙譲語に、自分を低める性質がある（より正確には、謙譲語には主語を低める性質があり、その主語として、一般に自分か身内を使う）ことは前項でも触れた通りです。しかし、単にこう理解するだけでは不十分で、これだけでは誤って使うことにもなりかねません。

「お/ご——する」が謙譲語（謙譲語Ⅰ）の代表選手ですが、次のような文はどうでしょう。

　　私は六時の特急にお乗りしました/ご乗車しました。

　　私は毎晩夜食にラーメンをお食べします/お作りします。

実は、外国人が一生懸命謙譲語を使おうとして、こんな文を言う場合があるのですが、もちろん誤りです。日本人でも、これ式の言い方をする人も時々います。

これは、「謙譲語は自分を低めるときに使う」とだけ覚えているための誤りなのです。「お/ご——する」には、実はもう一つ、もっと大事な働きがあります。正しい用法を観察してみましょう。

　　父が先生をご案内しました。

　　私は社長にそのことをお知らせしました/ご報告しま

した。

これは、〔私が<u>あなた</u>から〕お預かりしたものです。

私は駅で<u>先生</u>とお別れしました。

〔<u>お客様</u>のために〕お取り寄せしましょう。

　これら諸例から見てとれるように、「お／ご～する」は下線部の人物を高めています。

　下線部は「…を・…に・…から・…と・…のために」などにあたる、主語以外のもので、本書では補語と呼びますが、長くなるのをいとわなければ「動作の関係する方面」(佐伯梅友氏の呼称) といってもよいでしょう。「お／ご～する」には――この語だけではなく、**謙譲語Ⅰには**――、「**補語を高める**」働きがあり、「主語を低める」よりも、むしろこちらが主目的なのです。謙譲語Ⅰは、主語を低めることが趣旨なのではなく、**補語を高めることに付随して、主語が補語より相対的に低く位置づけられるだけ**だと見るほうがあたっていると思われます。

　先程の「特急」や「ラーメン」の文の場合、高めるのにふさわしい補語がありません。自分を低めるつもりで「特急にお乗りする／ご乗車する」「ラーメンをお食べする」と言っても、これでは高めるべき人物がありません (「特急」「ラーメン」を高めてしまいますが、もちろん変な話です)。「ラーメンをお作りする」は、もし、高めるべき人のために作るのならありえますが (板前が客に「何かお作りしますか」と言うなど)、先程の場合は自分のために作るのですから、自分を高める誤りになってしまいます。

33 謙譲語Ⅰの高める対象

> Q.「先生に弟をご紹介した」というと、弟を高めてしまうことになりますか。

「お/ご——する」は謙譲語Ⅰで「…を・…に」などを高めると述べましたが、もう少し補っておきます。

まず、「…を」「…に」両方の人物をもつ動詞の例として「ご紹介する」に触れましょう。

「先生に弟をご紹介した」は、「先生」を高める問題のない使い方です。もちろん語順を変えて「弟を先生にご紹介した」とも言えます。これに対し「弟に先生をご紹介した」「先生を弟にご紹介した」は変で、これでは「弟」を高めてしまうことになります。つまり「ご紹介する」は「…に」にあたる人物を高めるのであり、「…を」にあたる人物は高めない、と整理できます（原田信一氏の指摘）。

実は敬語を離れても、「紹介」は、目下のほうを目上に紹介する、という捉え方・述べ方をするのが普通でしょう（さらにいえば、「これが弟です。こちらが〇〇先生」というように、目下のほうの名を先に述べるのが普通です）。この点を考えると、「ご紹介する」が「…に」のほうだけを高めるのは当然だともいえます。

教師が企業への推薦状に「〇〇君をご推薦申し上げます」と書くのは、自分の学生を高めるようで気になる、と

Ⅲ　謙譲語の要所　73

いう声を聞いたことがありますが、これも誤りではありません。「…を」にあたる「○○君」を高めるのではなく、「…に」にあたる側、つまり推薦状の受け取り手である企業を高めるわけです。もっとも「ご推薦する」は、「○○氏を次期委員長にご推薦申し上げます」のような場合は「…を」にあたる人物を高めているのだと見られます。

　前項では「…を・…に・…から・…と・…のために」をそれぞれ高める例を見ましたが、これ以外の場合もあります。たとえば「お名前をお呼びするまでお待ちください」は、「○○の名前を呼ぶ」の○○、つまり「…を」に係る「…の」にあたる人物を高めています。「ご要望にお応えする」は、「○○の要望に応える」の○○、つまり「…に」に係る「…の」を高めています。§23で見た「目がお疲れになった」は「○○の目が」の○○を高める尊敬語の所有者敬語でしたが、これに対して、今あげた二例などは**謙譲語Ⅰの所有者敬語**といえるでしょう。「お荷物をお持ちしましょう」は、「あなたのお荷物を」と解せばこの種の所有者敬語だとも見られますし、「あなたのために」と解することもできる例です。

　このほか、「○○先生について（様子を）お聞きする/お伺いする/お噂する」は「…について」にあたる人物を高めるケースです。

　なお、たとえば「○○先生は、私がご案内した」のような文の「○○先生は」は、「○○先生を」の意ですから、主語ではなく補語で、やはり高める対象です。

34 「お/ご──する」といえる語

> Q.「皆様にお訴えしたい」と、政治家の先生がおっしゃっていましたが、正しい敬語なのでしょうか。

　「お/ご──する」は「…を・…に」など補語を高める謙譲語Ⅰですから、そうした人物のない動詞（たとえば「歩く」「乗る」など）の場合は、もちろん「お/ご──する」の形は一般に作れません。が、「…を・…に」にあたる人物のある動詞でも、必ず「お/ご──する」の形が作れるわけではありません。この事情は、尊敬語「お/ご──になる」が作れる動詞と、作れない動詞がある事情（→§14）と似ていて、ある程度までは理屈もつきますが、慣習による面があるようです。たとえば「先生をお追いする」「先生にお憧れする」とは言いません。「皆様にお訴えしたい」などという政治家の演説を時々聞きますが、「お訴えする」は、定着していない奇異な形です。

　「…を・…に」にあたる人物はなくても、「…のために」にあたる人物があれば「お/ご──する」が作れる場合もあります。§32で見た「お取り寄せする」「お作りする」などです。「番号をお調べしております」（ＮＴＴの"104"）も、「あなたのためにお調べしている」というわけです。とはいえ、「…のために」にあたる人物があればどんな動詞でも「お/ご──する」の形が作れるわけでもありませ

Ⅲ 謙譲語の要所

ん。誰かのために電車に乗る場合でも「お乗りする」とはいえません。これも、結局は、慣習の問題のようです。

というわけで、「お/ご─する」といえる語の主な例を下にリストしておきます。「する」を「いたす」に変えれば、「お/ご─いたす」(→§39)の形が作れる語とも、ほぼ重なります。付録2「敬語便利帳」(pp.236-238) には、さらに多くの語のリストを掲げました。

[「…を」を高める] お誘いする・お騒がせする・お訪ねする・お使い立てする・お引きとめする・お待たせする・お待ちする・お招きする・お見送りする・お見舞いする・お呼びする・お呼び立てする・おわずらわせする・ご案じする・ご案内する・ご招待する

[「…に」を高める] お送りする・お教えする・お返しする・お貸しする・お聞かせする・お答えする・おことわりする・お知らせする・お勧めする・お尋ねする・お伝えする・お電話する・お届けする・お願いする・お話しする・お任せする・お見せする・お約束する・お渡しする・おわびする・ご挨拶(あいさつ)する・ご紹介する・ご請求する・ご説明する・ご相談する・ご通知する・ご無沙汰(ぶさた)する・ご無礼する・ご返事する・ご報告する・ご用立てする・ご連絡する

[「…から」を高める] お預かりする・お借りする

[「…のために」を高める] お調べする・お作りする・お取り寄せする・お払いする・お引き受けする・お持ちする・お読みする・ご用意する

35 「お/ご——する」と「——いたす」
―― 謙譲語Ⅰと謙譲語Ⅱ①

Q.「ご案内します」も「案内いたします」も謙譲語ですね。

どちらも謙譲語と呼ばれていますが、性質に違いがあります。「ご案内する」型のものは本書でいう謙譲語Ⅰ、「案内いたす」型のものは謙譲語Ⅱです。最大の違いは、Ⅰのほうは補語（動作の関係する方面）を高める働きがあるのに対し、Ⅱにはそうした働きがないことです。

Ⅰに補語を高める働きがあることはこれまでにも見てきましたが、この点をさらにきちんと確認するために、わざと、次のような文を作ってみましょう。

① 高めるべき補語（人物）がない場合。§32の「私は六時の特急に<u>お乗りしました/ご乗車しました</u>」など。

② 意味的に、高めるのにふさわしくない人物が補語である場合。「私がその変な男を<u>ご案内しました</u>」など。

③ 身内（"敬語上のⅠ人称"）が補語である場合。「私が主人を/父を　<u>ご案内しました</u>」など（→§28末尾）。

これらの文はどれも変です。③は身内を高めてしまう誤用になります。これらから、Ⅰの「お/ご——する」は補語を高めるということが、はっきり確認できます。

一方、上の三文の敬語を、「——いたす」（「お」「ご」の付かない）に変えた①「私は六時の特急に<u>乗車いたしまし</u>

た」、②「私がその変な男を案内いたしました」、③「私が主人を／父を 案内いたしました」は、どれもおかしくありません。このことから、Ⅱの「――いたす」には補語を高める働きがないことがわかります（こうしたⅠ・Ⅱの識別は、私が提案したもので、以下§36-§38でも使います）。

Ⅰは補語を高めることが趣旨で、付随的に主語を低く位置づけます。一方、Ⅱは補語を高めるわけではなく、主語を低めることで聞手に丁重に述べることが趣旨なのです。ともに主語を低める趣がありますが、趣旨は違い、**Ⅰは補語への敬語、Ⅱは聞手への敬語**です。

これに伴って、他にも細かな違いがあります。Ⅰは、「私が先生をご案内した」のように、「ます」を付けずに、日記に書いたり目下に話したりすることがありますが、聞手への敬語であるⅡは、「私が先生を案内いたした」などと「ます」を付けずに使うことは、まずありません。またⅠのほうは、後述のように、話手・身内以外の人物を主語として使う場合もまれにあります（→§47）。

このようにⅠとⅡは、実は同じ謙譲語という名で括ること自体、厳密にはまずいのですが（→§58）、

　私が〔あなたを〕ご案内します。／案内いたします。

のように補語＝聞手の場合（これが実際にはとても多い）には、どちらも実質的には同じような効果になります。

なお、「――いたす」のほうは「――する」型の動詞（サ変動詞）専用なので、「乗車いたしました」とは言えますが、「乗りいたしました」とは言えません。

36 「申し上げる」と「申す」
── 謙譲語Ⅰと謙譲語Ⅱ②

Q.「申し上げる」と「申す」は敬度の違いだけですか。

実は両語には使い方に質的な差があり、決して単純な敬度の差ではありません。次の二文を比べてみましょう。

　私はそのやくざに　足を洗うように申し上げました。
　私はそのやくざに　足を洗うように申しました。

第一文はおかしいと感じられるでしょう。「申し上げる」は「先生に申し上げる」の「先生」を高めるというように、「……に申し上げる」の……にあたる人物（補語）を高める謙譲語Ⅰです。そこで、第一文は「やくざ」──社会通念上、高めるのにふさわしくないと考えられるもの──を高めることになってしまい、変な文になるのです。

これに対して、第二文のほうは変ではありません。「申す」は、「……に申す」の……を高めるわけではなく、ただ文の聞手に対して丁重に述べるべく主語を低めるだけの謙譲語Ⅱなのです。そこで、然るべき聞手に話す場合には、第二文のように言うことがありえます。

「やくざ」のかわりに、やはり高めてはおかしい身内の人物を補語にして、

　私は父にそう申し上げました。
　私は父にそう申しました。

を比べてみても同様です。上文は、父を高めるおかしい文（誤り）になるのに対し、下の文は、然るべき聞手に対して問題なく使える文です。

　この事情は、前項で見た「お／ご～する」と「――いたす」の違いと並行的です。「申し上げる」は、

　　社長に私の意見を申し上げた。

などと「ます」を付けずに、日記に書いたり目下に話したりすることができますが、「申す」はそうではないという点も、並行的です。要するに、「申し上げる」は補語（「……に申し上げる」の……）への敬語、「申す」は聞手への敬語で、質的に違うものなのです。

　ただし、補語＝聞手の場合には、

　　昨日〔あなたに〕申し上げましたように

　　昨日〔あなたに〕申しましたように

のように、どちらも同じように使え、この場合は「申し上げる」のほうが高い敬度です。

　なお、「申す」の場合、たとえば、

　　若者に尋ねましたら、その若者の申しますには……

のような使い方もあります。この場合、主語を低めるという意味合いはすでになく、要するに話手が聞手に対して丁重に述べているだけの丁重語としての用法です（→§45）。ただしこの場合も、主語は、やはり〈とくに高める必要のない第三者〉でなければならず、「先生が申しました」や「あなたが申しました」は誤りです。

　「申す」の誤用の一つについては、§72でも触れます。

37 「存じ上げる」と「存じる」
—— 謙譲語Ⅰと謙譲語Ⅱ③

Q.「さっき電車の事故があったこと、ご存じですか」「存じ上げております」……これでは、丁寧すぎますか。

「ご存じ」は「知っている」意の尊敬語で、質問文のほうは、もちろん問題ありません。答の文は、丁寧すぎるといった性質の問題ではなく、「電車の事故」を高めてしまう誤りで、「存じております」が正しい答です。「存じ上げる」「存じる」とも、「知る」のいわゆる謙譲語ですが、実は、前項同様、「存じ上げる」は謙譲語Ⅰ、「存じる」は謙譲語Ⅱという違いがあります。

次の各質問に対して、「存じ上げております」「存じております」どちらで答えるのがいいでしょうか。
① 最近の情勢、知ってる（ご存じですか）？
② その変わり者のこと、知ってる（ご存じですか）？
③〔あなたは、あなたの〕ひいおじいさんのこと、知ってる（ご存じですか）？

どれも、「存じ上げております」は使えません。「存じ上げる」は、「……を（……について）知る」の……（補語）を高める謙譲語Ⅰなので、まず、人についての知識でない①では使えません。Q欄の例も同様の誤りです〔もっとも、「私は先生のお考えをよく存じ上げております」のよう

に、「…を」自体は人でなくても、その「…を」に「…の」で係る人を高めることは可能で、これは謙譲語Iの所有者敬語（→§33）です〕。②③は人についての知識ですが、「存じ上げる」を使えば、②では高めるのにふさわしくない人を、③では身内を高めてしまうので、誤りです。

一方、「存じる」は補語を高めず、聞手に丁重さを示すだけの謙譲語IIなので、何についての知識でも使えます。①②③とも「存じております」なら正しい敬語です。

聞手＝補語、すなわち聞手についての知識の場合なら、

〔私は、あなたの〕お名前はよく存じ上げております。／存じております。

のどちらも使えます（この「お名前は」は「は」が付いていますが、「お名前を」の意なので補語→§33末尾）。両方使える場合は「存じ上げる」のほうが高い敬度です。

なお、「知る」意の「存じ上げる」「存じる」は、一般に「……ております／います」と使いますが、否定の場合は単に「存じ（上げ）ません」で構いません（「知っています」に対して「知りません」となるのと同様）。

「存じる」には「……幸いに存じます」のように「思う」意の用法もあります。これも、主語（話手自身）を低めて相手に丁重に述べる謙譲語IIで、思う内容とは関係なく使えます。思う内容が相手に関する場合は「御栄転の由何よりと存じ上げます」などと「存じ上げる」を使うこともありえますが、実際には「思う」意で「存じ上げる」を使うことは、今日ほとんどなくなってきています。

38 「伺う」と「まいる」
—— 謙譲語Ⅰと謙譲語Ⅱ④

Q. どちらも「行く」の謙譲語ですね。

「これからあなたのところへ行く」ことを謙譲語で述べる場合、「これから伺います」「これからまいります」どちらも使えます。このように、訪ねる先(補語)＝聞手ならどちらでもよいのですが、これまでの各項と同じように、「伺う」は謙譲語Ⅰ（補語〈訪ねる先〉に対する敬語）、「まいる」は謙譲語Ⅱ（聞手への敬語）なので、補語と聞手とが異なる場合には、同じようには使えません。

意味的に高めるのにふさわしくないものや身内、人と関係ない地名などを補語にして、確かめてみましょう。

　　私はその怪しげな事務所に伺いました。……… ×
　　私はその怪しげな事務所にまいりました。…… ○
　　私はこれから父のところに伺います。………… ×
　　私はこれから父のところにまいります。……… ○
　　父がこれから私のところに伺います。………… ×
　　父がこれから私のところにまいります。……… ○
　　私は明日京都へ伺います。…………………… ×
　　私は明日京都へまいります。………………… ○

聞手への敬語である「まいる」は行先を問わず使えますが、「伺う」は上の場合には使えません。「京都へ伺う」の

例の場合、もし京都の人に対して述べるなら、一応使えるかもしれませんが、そうだとしても今一つ不自然です。「伺う」は「行く」意の謙譲語Ⅰというより、「(人を)訪ねる」意の謙譲語Ⅰだというほうがいいでしょう。類義の表現として「お訪ねする」もあります。

以上は、高めるべきでないところに行ったことを、然るべき聞手に対して述べる場合の例でしたが、逆に、高めるべき先を訪ねたことを、目下などに対して述べる場合には、たとえば「私は昨日社長のところに伺ったのだが……」といった具合になるわけです。

「伺う」には他に「お話を伺う」のような「聞く」意、「ちょっと伺いますが」のような「尋ねる」意の用法もあります(→§31)。いずれも謙譲語Ⅰで、それぞれ「お聞きする」「お尋ねする」ともいえます。また、謙譲語Ⅰの一般形「お/ご——する」の中にさらに「伺う」を入れて「お伺いする」とも言います(「お伺いいたす」「お伺い申し上げる」も)。いわゆる二重敬語ですが(→§73)、これらは慣習として定着していて、誤りではありません。

一方、「まいる」には、実際に「行く・来る」意の用法ばかりでなく、「私も次第に考え方が変わってまいりました」のような「……ていく・……てくる」意の用法もあります。また§45で見るように、「電車がまいりました」「春らしくなってまいりました」のような、主語を低めるのではなく単に丁重な言い方をするだけの丁重語の用法も、「まいる」にはあります。

39 「お/ご——いたす」——謙譲語ⅠⅡ

Q.「ご案内いたします」は謙譲語Ⅰなのですか、Ⅱなのですか。

　私がご案内します。

のような「お/ご——する」型の語は「…を・…に」などを高める（あわせて主語を低く位置づける）謙譲語Ⅰ、

　私が案内いたします。

のような「——いたす」型の語は（主語を低めることで）聞手に丁重に述べる謙譲語Ⅱであることは、すでに見ました。また、謙譲語Ⅰは「ます」を付けずに、たとえば、

　私が社長をご案内した。

のように日記に書いたり目下に話したりすることもあるのに対し、謙譲語Ⅱのほうは聞手のある場合にだけ使い（つまり日記の類では使わない）、「——いたします」のように「ます」を付けて使います（→§35）。

　私がご案内いたします。

のような「お/ご——いたす」型の語はどうでしょう。〈語形〉的には、これは「お/ご——する」と「——いたす」を合わせたような形ですが、実は〈機能〉的にも、謙譲語Ⅰと謙譲語Ⅱの性質をあわせ持つ敬語です。

　まず「…を・…に」などを高める性質があることは、

　私がその変な男をご案内いたしました。

私が父をご案内いたしました。
がおかしいことからわかります。この点で謙譲語Ⅰの「補語
への敬語」という性質をもちます。が、「ます」を付けずに、
　　私が社長をご案内いたした。
などと日記に書いたり目下に話したりすることはありません。聞手のある場合にだけ、それも「ます」を付けて使う**「聞手への敬語」の性質をもつ点は謙譲語Ⅱと同じです。**

　つまり、**補語を高める謙譲語Ⅰの性質と、聞手に丁重に述べる謙譲語Ⅱの性質をあわせ持つわけです**（もちろん主語は低めます）。謙譲語にⅠ、Ⅱの二種あることは以前からも指摘されていましたが、「お/ご——いたす」はⅠ、Ⅱの両方と縁続きの第三のタイプで、"**謙譲語ⅠⅡ**"と呼べるでしょう（これは私が気づき、名づけたものです）。**補語および聞手への敬語です**。実際には、

　　私が〔あなたを〕ご案内いたします。
のように補語=聞手の場合が多いのですが、

　　私が社長をご案内いたします。
と部長に述べる、というように補語と聞手が別人で、それぞれへの敬語としての機能を果たす場合もあります。

　謙譲語に三種あるというと複雑そうですが、謙譲語を使う最も普通の場合は、補語=聞手の場合で、そうした場合には三種どれも同じように使えるわけですから、そう神経質になる必要はありません。この「お/ご——いたす」は、補語=聞手を高める敬語としてよく使われます。「お/ご——する」より高い敬度です。

40 「——いたす」と「お/ご——いたす」

Q.「案内いたします」と「ご案内いたします」は、どう違うのですか。

まず〈語形〉から。「お/ご」の付かない「——いたす」は、「案内する→案内いたします」のような「——する」型（サ変）動詞専用で、「招く→招きいたします」などとは言いません。が、「——する」型動詞でさえあれば、「乗車いたします・はらはらいたします・メモいたします」など、語を問わず作れます。

一方、「お/ご——いたす」のほうは、「案内する→ご案内いたします」のように「——する」型動詞についても、「招く→お招きいたします」のように非「——する」型動詞についても作れます。そのかわり、別の制約があり、「お/ご——する」と同様、補語が想定できて、かつ「お/ご」のなじむ語でなければ作れません。「ご乗車いたします・お乗りいたします・おはらはらいたします・おメモいたします」などとは言いません。

この事情は、尊敬語の「——なさる」と「お/ご——なさる」の場合（→§15）と似ていますが、「——なさる」と「お/ご——なさる」は〈機能〉としては同じなのに対し、「——いたす」と「お/ご——いたす」の場合は、〈機能〉も違います。つまり、「——いたす」は謙譲語Ⅱ（聞

手への敬語)で、補語を高める働きはないのに対し、「お/ご——いたす」は謙譲語ⅠⅡで、補語と聞手への敬語です(→§35、§39)。改めて両者を並べて比較すると、

　　私は父を案内いたしました。……………………　○
　　私は父をご案内いたしました。…………………　×

の対比がわかりやすいでしょう。

41　「お/ご——申し上げる」

　Q.「ご招待申し上げます」の「申し上げる」には、「言う」意味はありませんね。

　「お/ご——申し上げる」の「申し上げる」は、すでに「言う」意を失って使われています。「お/ご——する」の敬度の高い表現だと思えばいいでしょう。「社長にご報告申し上げた」などと「ます」を付けずに日記に書くような場合もあるでしょうが(種類としては謙譲語Ⅰ)、普通は、相手に対して直接「お/ご——申し上げます」と述べる表現です。最も敬度の高い謙譲語で、改まった書き言葉やスピーチでよく使います。ただし、——に入れられる語は「お/ご——する」の場合より、かなり少な目です。

　付録(p.239)に、「お/ご——申し上げる」といえる主な語をあげました。なお、「失礼申し上げる」など、「お/ご」の付かない「——申し上げる」もあります。

42 「いただく」

> Q.「いただく」は謙譲語なんですか。ちょっと理屈を説明してください。

「私は先生に本をもらった」を、「先生」を高めていうと、「私は先生に本をいただいた」となります。「先生」は補語なので、「いただく」は補語を高める謙譲語Ⅰです。

「私は先生に紹介状を書いてもらった」の場合は、

　　私は先生に紹介状を書いていただいた。

となります。この場合、高められる「先生」は、「書いて」の意味上の主語ではありますが、「いただいた」の主語ではありません。「いただいた」の主語は「私」で、「先生」は「いただいた」に対しては補語なので、「いただく」はやはり謙譲語Ⅰということになるわけです。

物をもらう場合も、何かをしてもらう場合も、いずれにしても、「いただく」は恩恵を与えてくれる人を高める敬語です。その「恩恵の与え手」が主語ではなく補語である点が「くださる」との違いです。「くださる」は尊敬語ですが、「いただく」は謙譲語Ⅰということになります。

さて、「紹介状」の文を、さらに敬度の高い表現でいうと、

　　私は先生に紹介状をお書きいただいた。

となります。理屈としては、次のように考えることができるでしょう。まず「書いてもらった」から出発します。

Ⅲ 謙譲語の要所

<u>書いて</u>　<u>もらった</u>
　↓　　　　↓
<u>お書きになって</u>　<u>いただいた</u>

このように両方を敬語にすると、

① 「お書きになっていただいた」

となりますが、いわばこれを縮約した形が、

①′「お書きいただいた」

というわけです。①よりも①′のほうがむしろ自然です。

なお後半だけを敬語にすると、

② 「書いていただいた」

となりますが、これは先程見た形にあたります（前半だけを敬語にした「お書きになってもらった」は不自然）。

この事情は、§22で見た「くださる」の場合とほぼ並行的ですが、前半と後半で意味上の主語が変わる点が「くださる」との違いです。理詰めでいえば、①′や①では、「お書き（になって）」の部分は尊敬語（意味上の主語「先生」を高める）、「いただく」の部分が謙譲語Ⅰです。

①′の形は、「お/ご——になる」の「になる」を「いただく」に変えた形にあたります。たとえば「説明してもらう」なら「ご説明いただく」となります（なお「お/ご——していただく」は、高めるべき人の行為に謙譲語Ⅰ「お/ご——する」の形を使ったもので一般に誤りです）。

誤用については§70で触れることにします。

なお、「体も回復して、何でもおいしくいただけます」のような「いただく」は、補語を高めるわけではなく、「食べる」意を 主語を低めて丁重に述べる謙譲語Ⅱです。

43 「いただけませんか」

> Q.「書いていただけませんか」が丁寧な依頼表現になるのは、なぜですか。「いただきませんか」は誤りですか。

「いただく」を「もらう」に戻すと、「書いてもらえませんか」になります。あなたから「書いてもらう」という恩恵を得ることができないだろうか、という発想です。相手が書くことを自分への恩恵として捉えること（→§4）、その恩恵を得ることが可能かどうかについて相手の意向を尋ねるという形をとること（こういう発想なので、当然、可能形になります）、とくに否定疑問で尋ねることで一層ソフトな尋ね方になることなど、すべて、相手を立てた物言いです。その上、「もらう」を謙譲語Ⅰ「いただく」に変えるわけですから、「書け」の意の相当丁寧な表現になるわけです。「お書きいただけません（でしょう）か」とすれば、まさに最大級です。

なお、この種の発想は、「もらう」を「いただく」にしてこそ全うされるのであり、「もらえませんか」では敬意は不十分です。「もらえませんか」という言い方を時々聞きますが、どうせなら「いただけませんか」のほうがずっと感じがいいのに、と惜しまれます。

「……くださいませんか」も同様の発想ですが、こちらは相手が主語なので、可能形にはなりません（元の「くれ

ませんか」自体、可能形「くれられる」は不成立)。

「書いて(お書き)いただきませんか」は、依頼表現としては使いませんが、「誰かに書いてもらう」側の人が二人(以上)いて、その人たちの間で「あの人に書いてもらうではないか」と話し合うような場合には使われます。

44 「申す」を含む語

Q.「申し込む」も謙譲語ですか。すると「お申し込みください」は誤りですか。

「申し……」という形の動詞には、謙譲語Ⅰの性質をもつ「申し上げる」「申し受ける」(=「受け(取)る」意の謙譲語Ⅰ)、謙譲語Ⅱの性質をもつ「申し伝える」、謙譲語性ないし改まった趣が感じられる「申し添える」、多少改まった趣が感じられる「申しつける」、謙譲語性も改まった趣もすでにない「申し合わせる」「申し込む」など、いろいろな段階のものがあります。

「申し込む」にはすでに謙譲語性はないと見られるので、「お申し込みになる」「お申し込みください」も差しつかえありません。「お申しつけください」も誤りとはいえないでしょうが、こちらについては、同じ内容をあらわす本来の尊敬語として「お仰せつけください」「ご用命ください」があるので、これらのほうが無難な気もします。

45 丁重語

Q.「電車がまいります」は、電車を低めているのでしょうか。

「いたす・——いたす」「申す」「まいる」などは、本来、

　私はその大会に参加いたします。

　父がそう申しました。

　私は明日もこちらにまいります。

のように主語（話手自身か身内）を低める謙譲語Ⅱです。謙譲語Ⅱの場合、主語を低めることの趣旨は、聞手に丁重さを示すことにあるのでした（→§35）。

ところが、これら各語は、主語を低めるという本来の働きを欠いて、単に聞手への丁重さを示すためだけに使われる場合もあります。

　三百人の選手が参加いたします。（スポーツ放送）

　プラトンが申しますには……（学者の講義）

　電車がまいります。（駅のアナウンス）

のようなものです。「選手・プラトン・電車」を低めるわけではなく、ただ丁重な言い方をしているわけです。

このような使い方を丁重語と呼びます（命名は宮地裕氏）。研究者によっては、冒頭のパラグラフであげたような謙譲語Ⅱの本来の使い方も含めて広く丁重語と呼ぶ人もいますが、本書では、主語を低めるという本来の使い方の

Ⅲ 謙譲語の要所

場合は（これも確かに丁重さの表現ではありますが）丁重語とは呼ばずに、謙譲語Ⅱと呼ぶことにします。

本来の用法にしても、趣旨は聞手への敬語であり、丁寧語「ます」を伴って使うのが普通だということからしても、謙譲語Ⅱは、かなり丁寧語に近い性質の敬語だと見ることができます。その上、主語を低めるという性質を欠いた丁重語は、一層丁寧語に近いものだと見られます。

そこで、こうした丁重語を丁寧語と呼んでしまう向きもあるのですが、それはやはり不適切です。というのは、丁重語の主語は〈高める必要のない第三者や事物〉に限られるからです。聞手や然るべき第三者について、

　あなたも（先生も）出席いたしますか／まいりますか。
などと言っては不適切です。本当の丁寧語なら、主語が何でなければならないなどといった制約はないので（→§50）、丁寧語とは区別すべきです。

「私がまいります」が本来の用法で「電車がまいります」が派生用法だという意識さえ、すでに失われつつあるほどかもしれませんが、それでもまだ、今あげたような言い方が不適切だということは、これらの語が本来主語を低めるものだという、いわば"本来性"の名残をとどめているといえるでしょう。ただし、今あげたような不適切なはずの言い方も増えつつあり、もし、これが定着した場合には、完全な丁寧語になったことになります。

なお「おる」も軽い謙譲語Ⅱで丁重語用法もあります（→敬語ミニ辞典）。「存じる」の丁重語用法はありません。

46 謙譲語の典型的な誤用
——「お/ご——してください」など

Q.「ご利用してください」「先生もまいりますか」……どこか間違っていますか。

謙譲語は、Ⅰ・Ⅱ・ⅠⅡを問わず、主語を低めるわけですから、話手自身や身内（§11で見た"敬語上のⅠ人称"）を主語とするのが普通で、**聞手や然るべき第三者を主語として謙譲語を使うのは、一般に誤りです。**

① あなたも（先生も）ご出席しますか。……………… ×
② ぜひご利用してください。………………………… ×

は尊敬語のつもりで使っているのでしょうが、「お/ご——する」は謙譲語Ⅰの形です。「ご出席する・ご利用する」は、高めるべき補語が想定できないので（→§32）、実際には謙譲語Ⅰとしては使われませんが、それでも形は謙譲語Ⅰなので、聞手を主語として使うのは不適切です。

③ 私にもご説明してください。……………………… ×
④ 隣の窓口で伺ってください。……………………… ×
⑤ あなたは（先生は）、〔私の〕母にお目にかかったことがありますか。……………………………………… ×

のように、実際に謙譲語Ⅰとして使う語句の場合は、なおまずいことになります。とくに、このように、相手や目上を主語にするとともに、話手自身や身内を補語（動作の向

III 謙譲語の要所

かう先)にして使うと、相手を低め、しかも自分や身内を高めてしまうという二重のミスになります。

謙譲語Ⅱも(丁重語の用法をもつ語も含めて)、相手や高めるべき人を主語としては使えません。前項の、

⑥ あなたも(先生も)出席いたしますか。……… ×

⑦ あなたも(先生も)まいりますか。……… ×

という例で触れた通りです。

なお、これらは「ご出席されますか」「お目にかかられた」「いたされますか」「まいられますか」など、謙譲語に尊敬語を添えても、誤りには変わりありません。

どう直すべきでしょうか。いずれも尊敬語を使って、

①⑥ あなたも(先生も)(ご)出席なさいますか。

② ぜひご利用ください。

③ 私にもご説明ください。

④ 隣の窓口でお尋ねください。

⑤ あなたは(先生は)、〔私の〕母にお会いになったことがありますか。

⑦ あなたも(先生も)いらっしゃいますか。

などとすればよいわけです。⑤は、「母はあなたに(先生に)お目にかかったことが……」とも直せます。

②③④の「お/ご──くださる」は「お/ご──になってくださる」の縮約形で、正しい敬語です(→§22)。つまり、「お/ご──してくださる(ください)」は一般に誤りで、正しくは「して」を取り払って、ただ「お/ご──くださる(ください)」と言えばよいわけです。

47　聞手を低めてよい場合 / 二方面敬語

Q. 聞手を主語にして謙譲語を使うのは、どんな場合にも誤りですか。

　前項で、聞手や然るべき第三者を主語にして謙譲語を使うのは一般に誤りだと述べましたが、実は、例外的に、誤りにならない場合もあります。たとえば、

　　あなたが（田中先輩が）先生をご案内するんですね。
というような場合です。「ご案内する」は謙譲語Ⅰで、「あなた（田中先輩）」を低めることになってしまいます。が、これは誤りではありません。

　謙譲語Ⅰは、前述（→§32）の通り、この文でいえば「先生」を高めるほうが主目的なのです。付随的に主語「あなた（田中先輩）」を低めることにはなりますが、高められる補語（「先生」）に比して、主語を低めても失礼にならない場合――補語が主語に比べて明らかに目上で、主語と話手とが同じ側に立って補語に対するような趣の場合。たとえば、「あなた（田中先輩）」と話手がともに「先生」の教え子であるような場合――なら、こうした表現も許されます。後輩や部下などに「君が先生を（社長を）ご案内するのか／してくれ」と言う場合も構いません。

　なお、高める先があることがポイントですから、このような使い方は謙譲語Ⅰの場合に限ります。

こうした場合、さらに「あなた」や「田中先輩」にも気をつかうなら、

　　あなたが（田中先輩が）先生をご案内してくださるんですね。

という言い方も可能です。こうすれば、「あなた（田中先輩）」も尊敬語「くださる」によって高められます（「ご案内する」という謙譲語Ｉがあるため、「先生」よりは低められますが、「くださる」によってニュートラルよりは高められます）。「先生」が「ご案内する」によって高められるのは先程と同じで、結局、補語も主語も高められることになります。両方を高めるこの種の使い方は**二方面敬語**（佐伯梅友氏）と呼ばれ、最も複雑な使い方です。「あなたが先生に資料をお（さし）あげになるんですね」も同様の二方面敬語です〔ちなみに「お/ご―していただく」（→§42）も「あなたに先生をご案内していただく」のように二つの補語（「先生」「あなた」）を高める二方面敬語としてなら正用です〕。

　以上のように、聞手や然るべき第三者の行為に謙譲語Ｉを使うことも、ないではありません。しかし、こうした言い方は、補語を高める趣旨でのみよいのであって、単なる尊敬語のつもりで「あなたが（田中さんが）うちの主人をご案内するんですね／ご案内してくださるんですね」などと使うのは、もちろん誤りです。一般にはこの種の誤りが多いので、やはり、「聞手や然るべき人物を主語にして謙譲語を使うのは一般には誤り」と覚えておいてよいほどなのです。

48 謙譲語Ⅰとしての「お+名詞」

Q. 自分の書いた手紙を「お手紙」というのは、いいんでしょうか。

「先生がお手紙をくださった」「お手紙ありがとうございました」などのように、(高めるべき)他人が書いた手紙に「お」を付けるのは、手紙を書いた動作主を高める尊敬語で、もちろん正しい使い方です。反対に、自分が書いた先方への手紙を「先生にお手紙をさしあげた」「突然お手紙をさしあげる御無礼おゆるしください」などと使うなら、動作の向かう先を高める謙譲語Ⅰです。

問題は、後者のような言い方ができるかということですが、私の語感では、できます。ところが"自分の書いた手紙に「お」を付けるのはおかしい"と感じる人もいるようです。そこで、「先生にお手紙をさしあげた」という言い方をどう思いますか、というアンケート(→「はじめに」)をとってみました。

① 手紙の向かう相手(先生)に対する敬意の表現であり、正しい。
② 先生に対する敬意というわけではないが、「手紙」を丁寧に述べる(または、きれいに述べる)表現で、正しい。
③ 自分の書いた手紙に「お」を付けるのは、おかしい。

④ わからない。

①は19.5％でしたが、②が40.0％で、合計約6割が「正しい」と答えました。③「おかしい」は34.5％でした。「敬語にかなり自信あり」という人だけで集計すると、「正しい」は67.1％、「おかしい」は28.2％で、「正しい」とする割合はさらに高くなります。

このうち、①は〈謙譲語Ⅰとしての用法ももっている〉人、②は〈美化語（誰かを高めたりせず、単にきれいに述べる表現→§52）として意識している〉人、③は〈尊敬語としての用法しかもっていない〉人というつもりだったのですが、①より②のほうが多かったのは意外でした。ただ、本当に美化語なら「弟にお手紙を書く」もよいはずなのですが、②と答えた人も、おそらくこの文は否とするでしょう。とすれば、回答としては〈丁寧に（きれいに）述べる〉という無難な表現の②のほうを漠然と選んだとしても、実は謙譲語Ⅰとして使っていることになります。

「お手紙」は然るべき先方への手紙に使えるとする人のほうが多いことが確認できました。「敬語の指針」（2007）も「先生へのお手紙」という使い方を認めています。

このように尊敬語としても謙譲語Ⅰとしても使う語には、ほかに「お祝い・お答え・おことわり・お知らせ・お電話・おはがき・お見舞い・おみやげ・お礼・おわび・ご挨拶・ご案内・ご招待・ご説明・ご通知・ご返事」などがあります。他に、「お役に立つ」「ご迷惑をかける」の「お役」「ご迷惑」も、向かう先を高める謙譲語Ⅰです。

49　その他の主な謙譲語

Q. 謙譲語は、まだほかにもあるのでしょうか。

たとえば「あがる」「承る」（ともにⅠ）など、いくつかあります。また、漢語系の接頭辞によるものとして、
　「拝-」（「拝見・拝借」など、Ⅰ）
　「愚-」（「愚見・愚考」など、Ⅱ）
　「小-」（「小社・小店」など、Ⅱ）
　「拙-」（「拙作・拙著」など、Ⅱ）
　「弊-」（「弊社・弊店」など、Ⅱ）
などがあります（→巻末「敬語ミニ辞典」）。

このほか、「あの方、今パリですって」「おうらやましいこと」や、「○○先生のお写真です」「まあ、おなつかしい」というときの「おうらやましい」「おなつかしい」も、うらやむ相手・なつかしむ相手を高める用法と見られるので、実は謙譲語Ⅰです（「妹がパリへ行くのよ。おうらやましいわ」とは言わないことから、単にきれいに述べる用法（後述の美化語→§52）ではなく、先方を高める働きだとわかります）。もっとも、「先生は、弟さんがおうらやましいらしい（おうらやましくていらっしゃるらしい）」のような使い方の場合は、うらやむ主語のほうを高める尊敬語の用法です。

IV 丁寧語の要所

50 〈話題の敬語〉と〈対話の敬語〉

Q.「です・ます」も敬語なのですか。ほかの敬語とは違う気がしますが。

「です・ます」も敬語で、三分法（→§9）で丁寧語と呼ばれるものです。丁寧語の、尊敬語・謙譲語との大きな違いは、**話題とは**（主語が誰だとか補語が誰だとかいうこととは）**全く関係なく使われる**、ということです。

　あちらの社長はご立派な方<u>です</u>。
　こちらの豚は特産の黒豚<u>です</u>。
　天下りの役員さんが三人着任され<u>ました</u>。
　ゴミがたまり<u>ました</u>ね。

などと、然るべき人の話であれ、動物の話、はたまたゴミの話であれ、要するに話手が聞手に丁寧に述べようとすれば「です・ます」は使われます。「です・ます」は〈話題の敬語〉ではなく〈対話の敬語〉だといえます。話題の人物の上下や、内か外かといったことを考えなくてもよい、誰でも使える敬語です。

これに対して、**尊敬語や謙譲語**は、話題の人を高めるなり低めるなりするわけですから、問題の人がそれに（高める/低めるのに）ふさわしい人物かどうか考えながら使わなければならない、まさに〈話題の敬語〉です。「役員さんが着任された」は○、「ゴミがたまられた」は×というわ

けです（前者も、身内を高める結果になる場では×）。

「〔あなたは〕いつ着任なさったんですか」のように、第三者ではなく聞手を主語として尊敬語を使う場合はもちろん多いのですが、これは、主語を高める尊敬語すなわち〈話題の敬語〉が、たまたま聞手を話題として使われている、と見ればよいわけです。「私が〔あなたを〕ご案内します」のように、聞手を補語として謙譲語Ⅰを使う場合も同様で、「お/ご━━する」自体は第三者を高めることもあるので、あくまでも〈話題の敬語〉です。

この〈話題の敬語〉と〈対話の敬語〉の区別は（時枝誠記氏の〈詞の敬語〉〈辞の敬語〉、辻村敏樹氏の〈素材敬語〉〈対者敬語〉を受けて）渡辺実氏の説かれた重要な考え方です。

〈話題の敬語〉＝尊敬語・謙譲語

〈対話の敬語〉＝丁寧語

と概略的にはいえますが、「私がまいります」のような謙譲語Ⅱは、前述のように事実上は聞手への敬語なので、その意味では〈対話の敬語〉です。しかし、その聞手への敬意は、主語（話手やその身内）を低めることからもたらされるわけで、やはりそもそもは〈話題の敬語〉です。§45で丁重語と述べた「電車がまいります」などは〈対話の敬語〉色がさらに強いものですが、やはり主語に制約がある（「あなた」や「先生」は不可）という意味ではわずかに〈話題の敬語〉性もとどめています。将来「あなたが/先生が まいります」もよくなれば、完全に〈対話の敬語〉＝丁寧語になったことになります。

51 敬語としての「です・ます」、文体としての「です・ます」

Q.「です・ます」は、文体という面がありませんか。

「です・ます」は、一連の文章や話し言葉の中では、使うなら一貫して使うのが普通で、その意味で、文体という面をもちます。「です・ます」を一貫して使う文体を敬体、一貫して使わない文体を常体と呼びます。より正確には、敬体の中に——敬体は動詞の後は「ます」ですが、名詞の後によって分類すると——「です体」「であります体」「(で)ございます体」があり、常体の中に「だ体」「である体」があります(「ございます」も、使うなら一貫して使うのが普通で、文体という面をもちます→§55)。

時には、一貫を欠く(ように見える)場合もあります。

<u>五時に起きて、九時に寝る</u>。私はいつもこういう生活をしています。これが私の健康法です。

下線部は常体、あとは敬体で、不揃いに見えますが、これは下線部がいわば「　」の中に入っていて、それを「こういう」が指すケースで、全体としては敬体と見られます。こう見れば、これは、文体が揺れている例ではありません。

勧められるたびに逃げ回ってたんですけどね、ある時、とても強引に勧められたんです。しょうがないから、食べてみました。そしたらね、<u>おいしいの</u>。一気

に<u>食べちゃった</u>。それ以来、大好物になりました。

　この場合は本当に一貫を欠いていますが、話し言葉では、確かにこういう場合もありますね。このように、同じ話手が同じ場面で、敬体から常体へ、あるいはその逆へと文体を変えることをスピーチレベルシフトと呼んでいます。

　「です・ます」は文体という面ももちますが、それ以前に、やはりまず敬語です。「です・ます」で話すべき相手に「です・ます」抜きで話したら失礼だ、ということからもそれは明らかでしょう。丁寧語「です・ます」は誰でも簡単に使える敬語なだけに、使うべき場面で使わないのは、尊敬語や謙譲語を使わない以上に失礼になります。

　私は以前、ある本の書評を敬体で書くように頼まれて（変な注文なのですが）、「……が惜しまれます」「これでは……しかねないでしょう」などと書いたところ、どうも違和感があり、結局、常体に直したことがあります。厳しい内容の場合に「です・ます」がなじまないということは、やはり「です・ます」が本来敬語だからなのです。

　こんな経験もしました。以前私は健康診断で、ある病気にかかっている可能性があると出て（結果的には違ったのですが）、一度はその病気に関する本を読む羽目になりました。その本は、「です・ます体」で非常に優しく、かつ易しく書かれていて、著者（医師）の患者への思いが伝わってくる感銘深い本でした。「です・ます」ならではと思わせるものがありました。本書も、そのひそみにならってみたのですが、どれほど成功しているでしょうか。

52 美化語

Q.「お菓子」や「ご飯」も敬語なのですか。

「お菓子・ご飯」の類も、「です・ます」と同様に丁寧語つまり敬語の一種だと、伝統的には説かれてきました。

ところが、その後、「お菓子・ご飯」の類は「です・ます」とは性質が違うと指摘されるようになりました。「です・ます」は〈対話の敬語〉つまり聞手への敬語なので（→§50）、聞手の想定できない日記や、内心の思考・独り言には使いません（本書も「です・ます体」で書いていますが、もし一人も読んでくれる人がなければ何と空しいことでしょう）。これに対して「お菓子・ご飯」の類は、「菓子・飯（めし）」をいわばきれいに／上品に述べるもので、聞手がなくても、つまり日記や内心の思考・独り言にも使われることがあります。そこで「お菓子・ご飯」の類は、研究者の間では、丁寧語ではなく、美化語と呼ばれています（丁寧語との違いの指摘・命名とも、辻村敏樹氏による）。

このように、概略的には、

| 従来の（広義の）丁寧語 | 本物の（狭義の）丁寧語 |
| | 美化語 |

という関係だともいえますが、学問的に厳密に見れば、本物の丁寧語と美化語とを合わせたものが、何らかの意味の

ある一類をなすわけではなく、美化語は美化語で一つの類と認めるべきものです（教育的には丁寧語の一種でもよいでしょうが）。

さらにいえば、美化語は、（上のような経緯で敬語の中に数えられてきましたが）実は敬意や丁寧さの表現ではないので、敬語には含めなくてよいのではないか、ともいえます。私自身は、最も狭い意味での敬語には含めない、という考えをとっています。「お菓子買ってやるから、泣くんじゃない！」などというときの「お菓子」に敬語性は認められないでしょう。

ただし、聞手に丁寧に述べようとして美化語を使うとか、然るべき人物について話すので美化語を使うということはあります。たとえば、日頃は「飯・酒」と言う人が、目上に「ご飯を召しあがる前に、もう少しお酒を召しあがりませんか」などと言うことはあるでしょう。こうした意味では敬語的な面も認められます。私は、美化語は狭義の敬語に入れず、準敬語とでも呼ぶのがよいと考えます。

ついでながら、私の呼ぶ準敬語には、もう一つ、改まり語（窪田富男氏）とでも呼ぶべきものも含まれます。「本日はお忙しいところ……」の「本日」のようなものです。内心の思考・独り言ではもちろん、家族間の会話でも使わない改まった語で、美化語よりもっと丁寧語的だといえそうです。ただし、「本日は休講とする」（掲示）などという場合は、改まっているだけで丁寧語的ではありません。敬語ではなく準敬語と位置づけておきます。

53　美化語になる語・ならない語

Q. 姑(しゅうとめ)は「お大根」だなんてよく「お」を付けるので、私もつき合って「お人参(にんじん)」と言ったら笑われてしまったのですが……。

美化語の使い方にはずいぶん個人差があり、また個人差はあってよいと私は思います（→§97）。一定の常識の範囲内におさまっていれば、その中での個人差については互いに寛容になるべきでしょう。「お大根」でも「大根」でもいいではありませんか。しかし、「お」を付けるのがあたりまえのような語も、付けてはおかしい語もあります。
① 「お／ご」が付いて一つの語になっていて、「お／ご」を取り払うと語として事実上成り立たないもの　「おかず・お辞儀・おてんば・ご破算・ご飯」など。
② 「お／ご」の付かない形も語としては成り立つが、「お／ご」の付いた形はこれとは多少とも違った意味で（意味が転化したり、特定の狭い意味・ニュアンスをもって）使われるもの　「おかわり・お三時・おしゃれ・お目玉・お安い（-ご用）・ご機嫌だ」など。
③ 「お／ご」の付かない形が、同じ意味の語として成り立つもの　この中にもいろいろな段階があります。
（a）男女とも「お／ご」を付けるのが一般的なもの
　「お祝い・お茶・お釣り・お寺・お椀(わん)・ご祝儀」など。

（b）男性は「お/ご」を付ける人（場合）も付けない人（場合）もあるが、女性は付けるのが一般的なもの 「お菓子・お金・お米・お刺身・おみやげ・ご年始」など。

（c）男女を問わず、「お/ご」を付ける人（場合）も付けない人（場合）もある（男女差より個人差・場面差による）もの 「お味・お茶碗・お花・お水・ご近所」など（「ご近所」は、近所の人への、あるいは「○○さんの近所」の「○○さん」への尊敬語用法も）。

（d）女性の中に付ける人がいて、付けても不自然ではないもの 「お財布・お醤油・お雑巾・お大根・お箸・おソース」など。なお、男性が「お財布・お箸」と言うとすれば、美化語としてよりも、相手の財布や箸を言う尊敬語としてでしょう。

（e）付けないのが普通で、付けると過剰敬語と見られるもの 「お試験・お人参・おジュース・おビール」など。ただし、一部には使う人もいて、「おビール」は料理屋ではすでに定着しています。

（f）付けると皮肉や茶化した表現になるもの 皮肉や茶化した表現として固定化した例として「おあいにくさま・ご大層・ご乱行」など。

（g）まず絶対といってよいほど付けないもの 「事故・電気・ケチャップ・パン・ラーメン」など。

以上のうち①②や③(f)は、美化語と言いにくいものです（ただし、たとえば①の「ご飯」は「飯」の美化語といえるでしょう）。③(a)～(d)が普通の美化語です。

54 「ございます」と人称

> Q.「失礼ですが、田中さんでございますか」というのは、少しおかしくありませんか。

「田中さんでいらっしゃいますか」のほうが無難です。「でいらっしゃいます」は「です」の尊敬語で(→§26)、この文は、あらわれていない主語「あなた」を高めます。

一方、「ございます」は丁寧語(美化語でない狭義の丁寧語)で、「……がございます」は「……があります」の、「でございます」は「です」の、さらに丁寧な表現です。「です・ます」と(敬度は違いますが)同じ丁寧語つまり〈対話の敬語〉(→§50)なので、話題と関係なく使えるはずで、「田中さんでございますか」も、理屈上は誤りとはいえません。が、違和感をもつ人もかなりいます(私もそうです)。これは、次のように説明できるでしょう。

すなわち、敬語を使い慣れた人は、

〔私は〕鈴木でございます。

〔あなたは〕田中さんでいらっしゃいますか。

のように、

Ⅰ人称＋でございます、Ⅱ人称＋でいらっしゃいます

と使うことが多いのです。そして、これが、「です」の場合の〈人称変化〉的性質のようになっていると考えられます。〈人称変化〉的性質とは、§10で見たように、普通は

「Ⅰ人称＋謙譲語、Ⅱ人称＋尊敬語」ですが、「です」の場合、（尊敬語は今の「でいらっしゃる」ですが）謙譲語にあたるものがないため、丁寧語「でございます」が、Ⅰ人称に対応する役割を代行していると見られます。そのために「Ⅱ人称＋でございます」は避けられ、違和感を感じさせやすい——というのが、私の説明です。

「ご出身は（お生まれは）どちらでございますか」も、「ご出身は（お生まれは）どちらでいらっしゃいますか」のほうが落ち着く感じです（これは「あなたのご出身（お生まれ）」の「あなた」を高める所有者敬語→§26）。

「ある」意の「ございます」も、「先生はこれからお仕事がございますか」などというのは、誤りではないもののやや不自然で、「先生はこれからお仕事がおありになりますか（おありですか）」のほうが落ち着きます（Ⅰ人称者なら「私はこれから仕事がございます」）。

「ございます」は丁寧語といいながら、聞手（や然るべき第三者）が主語のときには使いにくい面がある、といえます。先に、いわゆる丁重語について、聞手や高めるべき人が主語のときには使えないから丁寧語とは見られないと述べましたが（→§45）、実は「ございます」も似た面があることになります。ただし、「田中さんでございますか」は誤りとまではいえないので、この点は丁重語の場合とは異なるというべきで、「ございます」はやはり丁寧語と呼んでいいでしょう（また丁重語は謙譲語起源、「ございます」は歴史的には尊敬語起源です）。

55 「ございます」を使う難しさ

> Q. 君の「ございます」の使い方は何だか変だね、と言われたんですが。

「ございます」の使い方は、もちろん、大まかには、
　……です → ……でございます
　……があります → ……がございます
とすれば大体はいいわけですが、実はそれほど簡単でもありません。

一つには、一律に上のようにすればよい（あるいは、好きな箇所を自由に選んでそうしてよい）というものではなく、「ございます」が何となくうまくはまる箇所と、そうでない箇所があるようなのです。これは慣れの問題です。

また、聞手や然るべき第三者を主語として「ございます」を使うのは――たとえば「お元気でございますか」は――、不自然な感があります（→前項）。違和感を与えずに使うには、この点にも留意する必要があります。

しかし、最も難しい問題は、「ございます」を使う場合、**文体/敬度の一貫性**に配慮しなければならない、という点です。つまり、その文脈全体において、①「ございます」を（不自然なく）使える箇所では一貫して「ございます」を使い、②また他の箇所でも「ございます」に見合った敬度の高い表現を使わなければなりません。

①には、

・形容詞の「ございます」形（→次項）も適宜使う、

こともちろん含まれますし、また②には、

・「いたします・まいります・申します・存じます・おります」といった謙譲語Ⅱ（丁重語も含む）を然るべきところで使う、
・聞手や然るべき人が主語の場合は尊敬語を使う、
・聞手や然るべき人が補語の場合は謙譲語Ⅰを使う、
・他の語句も「ございます」の文体にふさわしいものを使う（美化語・改まり語など）、

といったことが含まれます。これらをみな備えてこそ、本物の「ございます体」なのです。

こういった配慮をせず、ただ"思いついたところで「ございます」を使う"という安直な使い方だと、ここはやけに丁寧なのに、ここはそうではないというアンバランスを生じ、「ございます」が妙に浮いてしまいます。

たとえば、「この話、聞いたことがございますか」などという言い方をする人がいますが、こなれていない感じです。「ございます」を使うなら「お聞きになったこと」と言うべきです。それに、相手が主語ですから、実は「ございます」のなじまないケースで、「お聞きになったことがありますか」で十分、もっと丁寧にするなら「お聞きになったことがおありですか」です。

「ございます」を使いこなすには、実は敬語の総合力が必要なのです。

56 形容詞の「ございます」形

> Q. 形容詞に「ございます」を付けた言い方がうまくできません。ルールはあるんでしょうか。

形容詞の「い」の直前の音（母音）によって、

……aい　→　……ooございます

〔高い（takai）→高う（takoo）ございます〕、

……iい　→　……yuuございます

〔大きい（ookii）→大きゅう（ookyuu）ございます〕、

……uい　→　……uuございます

〔安い（yasui）→安う（yasuu）ございます〕、

……oい　→　……ooございます

〔細い（hosoi）→細う（hosoo）ございます〕

となります（「……eい」型の形容詞はありません）。「暗い」も「黒い」も「くろうございます」となるわけです。「弱うございます」は、wの音が残ってyowooという発音になります。「お」のなじむ語の場合は「お」も付けて「お寒うございます」などともいいます。

なお、§54、§55で見たような理由で、自分や身内のことをたとえば「若うございます」というのは問題ありませんが、聞手や然るべき第三者については「お」を付けて「お若うございます」といえばよいというものではなく、「お若くていらっしゃいます」のほうが適切です。

V 各種敬語の整理

57　敬語の種類の整理

> Q. いろいろな敬語があることがよくわかりました。全体像を示してください。

ここで、これまでに出てきた敬語を整理しておきます。

尊敬語　主語〈Ⅱ・Ⅲ人称〉を高める。
　（例）これ、お使いになりますか。
　　　　社長がスピーチをなさった。
　「お/ご —— になる」(ナル敬語)・「……(ら)れる」(レル敬語)が代表的だが、他に「なさる・いらっしゃる・おっしゃる・召しあがる・くださる」など。
　名詞の例は「〔先生の〕ご住所」「〔先生(から)の〕お手紙」などで、「…の」で係る人物を高める。

謙譲語Ⅰ　補語(「…を・…に」など。動作の関係する方面)〈Ⅱ・Ⅲ人称〉を高め、主語〈普通はⅠ人称〉を補語より低く位置づける。
　（例）今日お訪ねして(伺って)よろしいですか。
　　　　私が社長をご案内した(ご案内申し上げた)。
　「お/ご —— する・お/ご —— 申し上げる・申し上げる・存じ上げる・さしあげる・伺う」など。
　名詞の場合は「〔先生への〕お手紙/ご挨拶」のよう

に、向かう先を高める。

謙譲語Ⅱ 主語〈Ⅰ人称〉を低め、聞手に丁重さを示す。
(例) 私もその会に出席いたします（まいります）。
「——いたす・いたす・まいる・申す・存じる・おる」。
名詞の例は「愚息・拙著・小社・弊社」など。

丁重語 謙譲語Ⅱを、とくに主語を低めるわけではなく、単に聞手に対する丁重さをあらわすためだけに使う用法。ただし、主語は〈高める必要のないⅢ人称〉でなければならない。
(例) 向こうから 中学生が／車が まいりました。

謙譲語ⅠⅡ 補語〈Ⅱ・Ⅲ人称〉を高め、主語〈Ⅰ人称〉を低め、聞手に丁重さを示す。
(例) 〔私があなたを〕ご案内いたしましょう。
「お／ご——いたす」のみ。

丁寧語 聞手に丁寧に述べる。「です・ます」「ございます」や「お暑い」など。

このほか、「お菓子・ご飯」のように話手がいわばきれいに述べる**美化語**や、「本日・先程」のように話手が改まって述べる**改まり語**も、敬語に準じるもの（準敬語）です。

58 敬語の種類はいくつ？

Q. すると、敬語は何種類あることになりますか。

§57の整理をもとにどう数えるかはお任せしてもいいのですが、①「丁重語」は「謙譲語Ⅱ」の一用法に含める、②「謙譲語ⅠⅡ」は中間種ではあるが、独立して立てる、③「美化語」「改まり語」は狭義の敬語ではないので別記するにとどめる、とすれば、五種立てたことになります。

ちなみに、文化審議会の「敬語の指針」(2007)でも五種類立てられていますが、こちらは、いわばマイナーな「謙譲語ⅠⅡ」を立てず、代わりに、狭義の敬語ではないにしてもよく使われる「美化語」を加えた五つになっています。これはこれで、ありうる分類でしょう。なお、「指針」では「丁重語」を「謙譲語Ⅱ」と同義に使っています。

Q. 「尊敬・謙譲・丁寧」の三分ではだめなのですか。

三分法の問題点を改めて整理しておきましょう。
① 「いわゆる謙譲語の中に、謙譲語Ⅰと謙譲語Ⅱがあること」(→§35 - §39) や、「いわゆる丁寧語の中にも、狭義の(本物の)丁寧語と美化語 (→§52) があること」が

明らかになったので、三分法では不十分である。

②しかも、謙譲語Ⅰと謙譲語Ⅱは、実はそもそも別物で、これらを「謙譲語」として括っても、意味のある一類にはならない（狭義の丁寧語と美化語についても同様）。したがって、三分法は、粗い分類としても本当は成り立たない。

①よりも②のほうが重要です。②について補っておきましょう。謙譲語ⅠとⅡの共通点は、実はないのです。主語を低める点が共通のようにも見えますが、「主語を低める」意味がⅠとⅡでは違い、Ⅰは補語への敬語、Ⅱは聞手への敬語、という質的な相違があるわけですから、（両者の性質を兼ね具えた「謙譲語ⅠⅡ」があるにしても）Ⅰ自体とⅡ自体は別物で、括るべきものではないのです（→§35）。

このように、おなじみの三分法は、厳密に学問的な観点からは問題があるのですが、概略的には、「主語を高める」尊敬語と「主語を低める」謙譲語という対比はなかなか便利で、便宜的なものとしての利用価値はあると思います。本書でも、ここまで、三分法に拠ってきた次第です。

Q.「敬語の指針」が五種類の敬語を立てたときには、「三種類で十分」という批判もありましたね。

教育的・便宜的には、まずは三分法で分類する（そして、必要に応じてその中を、謙譲語をⅠとⅡに分ける、と

いうように見る）ということでもよいと思います。「敬語の指針」も、しっかり読むと、それを認めています。

ですが、だからといって「敬語は三種類」と示してしまえば、本当はもっと多いことが隠れてしまうでしょう。実際、事実としてそれだけの種類があるわけですから、そこに目を向けないと、敬語を適切に使いきれない（たとえば、「謙譲語Ⅰ」と「謙譲語Ⅱ」の使い分けに失敗する）、というようなことにもなります。

その意味で「三種類で十分」というのはあたらないのですが、批判の原因は、「5」という数がやや多いこととともに、これまでの三分法があまりにも普及してしまっていたこともあるかと思います。なじんできた「3」が「5」になれば、「研究の世界の、難しい不必要なこと」が持ち込まれたような気になって抵抗を感じるのは、無理もないことかもしれません。

しかし、従来の三分法は、「謙譲語ⅠとⅡの違い」や「美化語」がまだ十分認識されていなかった数十年も前の学説です。今までどおり無難にそれに基づいてそれで「十分」とするか、それとも、最近数十年間の研究成果（そのうち、一般の方にも理解しやすく、知っていれば、敬語を理解したり使ったりする上で有益なこと）を積極的に盛り込んで社会に還元するか。「指針」の選択は後者だった、というふうにご理解いただければ幸いです。

（もう告白したのと同じですが、「指針」の作成には私も関わっています。特に第2章を中心に担当しました。）

59 「敬語の指針」との比較

Q.「尊敬語」「謙譲語Ⅰ」……各種の敬語について、この本の定義と、「敬語の指針」の定義とが違うんですが。

見かけ上は違っても、実質的には同じことなのですが、本書と「指針」を対応づけて理解したいという読者のために、簡単に確認しておきましょう（そうでない方は、この節は読み飛ばしてください）。

本書では、尊敬語は「主語を高める」、謙譲語Ⅰは「補語を高める」のように、「主語」「補語」「高める」をキーワードにして説明してきました。一方、「指針」では、「主語」「補語」は、難しく映るのを避けて、使いませんでした。「高める」も、「指針」では「立てる」となっていますが、これはほぼ同じことだといえるでしょう。

尊敬語は、「指針」では、「相手側又は第三者の行為・ものごと・状態などについて、その人物を立てて述べるもの」となっています。今、「ものごと」はひとまずおいて、「相手側又は第三者の行為・状態について、その人物を立てて述べる」とすると、これは、「相手側又は第三者を主語として、その主語を高める」と言い換えてもいいでしょう。ということは、本書の「主語〈Ⅱ・Ⅲ人称〉を高める」（→§57）というのと同じことになります。「指針」では、「お名前」「ご住所」のような名詞の尊敬語も含めて

扱うために、「ものごと」も加えてあります。

謙譲語Ⅰは、「指針」では、「自分側から相手側又は第三者に向かう行為・ものごとなどについて、その向かう先の人物を立てて述べるもの」とあります。つまり、「……に届ける」「……を案内する」などの……の人物を〈向かう先〉と捉え、謙譲語Ⅰは、「先生にお届けする」「先生をご案内する」のように〈向かう先〉を高める敬語だとしているわけですが、この〈向かう先〉が本書の「補語」（→§32）にあたります。この点さえ捉えれば、§57でまとめた「補語（「…を・…に」など。動作の関係する方面）〈Ⅱ・Ⅲ人称〉を高め、主語〈普通はⅠ人称〉を補語より低く位置づける」という定義と、実質的にはかなり重なるものになってきます。本書では主語を「普通はⅠ人称」としてあること（「普通は」を添えてあること）や、「主語を補語より低く位置づける」ということ（→本書では、どちらも§47に説明があります）については、「指針」の上掲の定義には盛り込まれていませんが、これについては、「指針」の別のところに補足説明があります。

謙譲語Ⅱ・丁寧語・美化語についての「指針」の定義は、それぞれ、「自分側の行為・ものごとなどを、話や文章の相手に対して丁重に述べるもの」「話や文章の相手に対して丁寧に述べるもの」「ものごとを、美化して述べるもの」で、これらは、§57に示した本書の定義とごく近いものです。（なお、分類の仕方の微細な違いについては、前節§58の冒頭で触れました。）

60 主な動詞の敬語形の整理

Q. 「見る→ごらんになる（尊敬語）、拝見する（謙譲語Ⅰ）」など、機械的に作れない形を整理してください。

付録「敬語便利帳」1) をごらんください（pp.226-229）。

61 「お/ご」の整理

Q. 「お/ご」について、すっきり整理してください。

(1)「お/ご」のいろいろ
まず、〈機能〉から見て、次のようなものがあります。
① 尊敬語　「お帰り・ご結婚」(動作性の名詞)・「おからだ・ご職業」(一般の名詞)・「お若い・おきれい・ご熱心」(形容詞・形容動詞)・「お早々と・ごゆっくり」(副詞) など。
② 謙譲語Ⅰ　「お手紙・ご挨拶」など§48で触れたもの（ただし、これらは尊敬語としての用法もあり）。謙譲語Ⅰ専用のものには「ご迷惑（をかける）・ご無礼」など。
③ 丁寧語　「お暑いですねえ」「お寒うございます」の「お暑い・お寒い」など。聞手のいるときに限って使い、必ず「です」や「ございます」を伴う。

④ 美化語　「お菓子・ご飯」など。→§52

このほか、すでに美化語と言い難いもの（例「おかず」）や皮肉・茶化した表現もあることは、§53で見ました。

なお、一つの語がいくつかの用法をもつ場合もあります。§48では、「お手紙」のように尊敬語・謙譲語Ⅰ両方の用法をもつ主な語をリストしましたが、その中でも「おみやげ」などは、「先生からのおみやげ」（尊敬語）・「先生へのおみやげ」（謙譲語Ⅰ）のほか「子どもへのおみやげ」のように美化語としても使います（あるいは、初めの二つも美化語と見てしまったほうがよいのかもしれません）。「お休み」も、「先生は今日お休みです」は尊敬語、「主人の仕事は月曜がお休みなんです」は美化語です。

「お肌」は本来尊敬語ですが、「私、最近お肌が荒れちゃって」などと使う女性がいます。化粧品を売る側がしきりに「お肌」と言うので、買って使う側もつい「お肌」と言ってしまう、といったところでしょうか。本人の意識では美化語なのでしょう。しかし、多くの人の語感では、おそらく、自分の体や顔を「おからだ」「お顔」と言うのと同じような誤りに映るのではないでしょうか。このように尊敬語としてしか使わない語もあるので、それらは自分や身内には使わないように注意する必要があります。

（2）「お/ご」の使い分け

〈語形〉の問題に移りましょう。「お/ご」の使い分けは、「お＋和語（訓読みする語）、ご＋漢語（音読みする

語)」が基本です。同じような意味の語で例をあげると、「おところ・ご住所」「お知らせ・ご通知」「お招き・ご招待」「お許し・ご許可」「お忙しい・ご多忙」という具合です。「お/ご――になる・お/ご――くださる・お/ご――する・お/ご――いたす」などの場合も同様です。「お卒業」「お旅行」などと時々聞きますが、誤りです。

　もっとも、「お食事・お電話・お約束」「お感じになる」など、いわば例外的な「お+漢語」も結構あります。とくに美化語は漢語でも「お」が付きます。付録「敬語便利帳」の3)-Bの項（pp.231-232）には、こうした「お+漢語」の例をもう少し多めに掲げておきます。

(3)「お/ご」の付く語・付かない語

　使い分けもさることながら、そもそも「お/ご」のなじまない語に付けてしまうのもおかしいものです。付くか、付かないかは、究極的には習慣の問題で、どういう語になら付くという明瞭なルールはないので、慣れない人には難しいところです。また、個人差もあります（→§97）。

　「お」の場合、一つ、傾向的なこととして「『お』で始まる語には『お』を付けにくい」ということが指摘されています（柴田武氏）。たとえば「お趣・お折り箱・お尾頭付き・お穏やか・お踊りになる」などは（意味的には「お」と相性のよさそうな語ですが）言いません。「おみ帯」の「おみ」も、「お」の重なりを避けたものとも見られます。

　ですが、これも絶対的なルールではなく、「お起きにな

る」「お収めください」「お送りくださる/お送りする」「(先生の) お教え/お教えくださる」「お思いになる」「お降りになる/お降りの方」などは、全く問題ありません。

　「お」の付く語のリストは、とても多くて作れないほどですが、「ご」の付く主な語については、付録「敬語便利帳」の4)にリストを掲げておきます (pp.233-235)。

（4）「お/ご」の表記

　「お/ご」の表記は、次の各方法に整理できるでしょう。
①「お」も「ご」もすべて漢字「御」で書く。
②「お」はかなで書き、「ご」は漢字「御」で書く。
③「お」はかなで書き、「ご」は、それに続く語を漢字で書く場合は漢字「御」で、それに続く語をかなで書く場合はかなで書く（例「御案内」「ごあいさつ」）。
④「お」も「ご」もすべてかなで書く。

　とくにどれがよいということもないと思いますが、同じ書き物の中では、このうちのどれかで一貫させるほうがいいでしょう。

　本書では、「お」か「ご」かということを一々示すほうが親切だろうという趣旨から、基本的には④によっています。ただし、手紙にふさわしい例文や、その次に「高」を伴う場合（「御高説」）など、限られた場合には「ご」を「御」で表記しています。

　なお、手紙では、「お」「ご」「御」を行末に書くのはよくない（なるべく行頭に書くのがよい）とされています。

VI 賢い敬語・不適切な敬語

62　上手な敬語づかいのコツ

　Q. 敬語づかいのコツがあったら教えてください。

　敬語づかいはいわば総合力ですから、「これさえ覚えれば万全」といった虫のいいコツはありませんが、心得ておくと便利な点はいくつかあります。私の選んだ"三つのコツ"を、これまでの復習を兼ねてまとめておきましょう。
① 尊敬語づかいは、「——する」型動詞か、非「——する」型動詞かによって区別する
・「——する」型動詞は、「する」をそのまま「なさる」にし、「——なさる」とする。(「お/ご」は、なじまない語があるので、おしなべて付けないのが安全)
・非「——する」型動詞は、「お〜になる」にする。

　これは§17で述べました。たとえば「利用する→利用なさる」(「ご利用なさる」もよいが「利用なさる」でも十分)、「廃棄する→廃棄なさる」(「ご廃棄」は変)、「使う→お使いになる」「捨てる→お捨てになる」など。
② 前より後を丁寧にするほうが、一般に、落ち着き(バランス)がよい

　これも部分的には§20、§22、§42などで触れましたが、ここで、より一般的に扱っておきましょう。次の各表現を敬語にすると、(a)(b)どちらが自然でしょうか。

読んでくれる　（ａ）お読みになってくれる
　　　　　　　（ｂ）読んでくださる
読んでもらう　（ａ）お読みになってもらう
　　　　　　　（ｂ）読んでいただく
走って行く　　（ａ）お走りになって行く
　　　　　　　（ｂ）走っていらっしゃる
細かい字を読むと、疲れる（主語は不特定、丁寧語に）
　（ａ）細かい字を読みますと、疲れる
　（ｂ）細かい字を読むと、疲れます
細かい字を読むと、疲れる（主語は目上、尊敬語に）
　（ａ）細かい字をお読みになると、疲れる
　（ｂ）細かい字を読むと、お疲れになる

（ａ）は前半、（ｂ）は後半を敬語にしたものですが、（ｂ）のほうがずっと自然です。両方を敬語にすると、うるさすぎる場合もあり、**後半のほう（文末）**だけを敬語にするのが、概して最も無難です。ただし「お書きになっておく」は「書いておおきになる」より自然だというように、多少例外もあります。また、後半が「ございます」「おありです」などの場合は、前半もそれに見合う敬度が必要で、「聞いたことがおありですか」などはあまり自然ではありません。かえって「お聞きになったことがありますか」のほうが自然です（§55も参照してください）。

③「……ている（います）」の**尊敬語**は「お／ご 〜 だ（です）」がスマート

「読んでいます」は「お読みです」です（→§20）。

63 「お」の付かない動詞を尊敬語にする

Q.「お」のなじまない非「——する」型動詞は、要するに敬度の高い尊敬語にはできないわけですね。

前項①のコツに関連するQです。確かに、「お」がなじまず、ナル敬語にできない動詞があります（→§14、§19）。たとえば「ひがむ・ふさぎこむ・踏み外す」は、レル敬語は可能ですが、「おひがみになる・おふさぎこみになる・お踏み外しになる」とは言えません。

「——する」型動詞なら、「倒産する」のように「ご」がなじまなくても、「倒産なさる」のように「——なさる」を使って、レル敬語以上の敬度にできますが、上のように非「——する」型動詞で「お」となじまない場合は、レル敬語以上の敬度にすることはできないのでしょうか。

基本的には無理です。が、どうしても高い敬度で言う必要がある場合の"抜け道"があります。強引に「——する」型にする、つまり「……たりする」という形を使うわけです。「……たり」は本来「飛んだりはねたり」のように複数の動詞で成り立つ表現ですが、最近は一つの動詞でも結構使われます。それを利用して「あの人はすぐふさぎこむ」「足を踏み外すな」を尊敬語で言うには「あの方はすぐふさぎこんだりなさる」「足を踏み外したりなさらないでください」とすればよいわけです。

64　敬語のバランス

Q. ワンセンテンスぐらいなら敬語は使えるんですが、敬語でしゃべり続けるとなると、苦手なんです。

「本日講演する○○先生は、○○年に○○でお生まれになりました。○○大学をご卒業後、○○大学に留学しまして、○○の研究を進められました。帰国後○○研究所に入り、研究を続けられ、○○年から○○大学に移りました。最先端の研究でたえず学界の注目をお集めになっています。本日は○○についてお話しいただきます。先生よろしくお願い申し上げます」

この中に敬語の誤りはあるでしょうか。文法的には、とくにありません。では完璧かというと、気になる点が結構あります。敬語のバランスがあまりよくないのです。

バランスとは、①ここをこのぐらい丁寧にしたら、こちらもまたそれに見合う丁寧さにしなければおかしい（敬度の一貫性を保つ）、あるいは、②ここを丁寧にするぐらいなら、むしろ、そのかわりにこちらを丁寧にしたほうがいい（ふさわしい箇所を選んで敬語にする）、といったことです。§62のたとえば「お読みになってくれる」がおかしいのも、バランスが悪い──①「お読みになって」という以上は後半も敬語にして「お読み（になって）くださる」とするか、あるいは、②「お読みになって」とするぐ

らいなら、むしろ、後半だけ敬語にして「読んでくださる」とするほうがよい——ということなのです。§55の後半で述べた「ございます」を使う難しさも、要するにバランスの問題です。

先程の例に戻りましょう。講演の講師の紹介ですから、できるだけ丁寧にしてよいケースです。この人自身、講師について「お生まれになりました」「○○大学をご卒業」「お話しいただきます」「お願い申し上げます」と丁寧な敬語を使っていますから、これらの箇所はこのままでよいとして、他の箇所もこれに見合う敬度になるよう、アンバランスなところを直していきましょう。

まず「本日講演する」で敬語を使っていないのはアンバランスです。「本日講演なさる」とすべきです。さらに高い敬度の表現としては、恩恵を受けるという捉え方（→§4）をして、「本日ご講演くださる」または「本日ご講演いただく」です。

「○○大学に留学しまして」も気になります。同じ文の後半では「○○の研究を進められました」と敬語を使っています。確かに、後半だけ敬語にすればいいともいえますが（§62の②では、その点を一つのコツとして紹介しましたし、もちろん、前半だけを敬語にして後半で敬語を落とすよりはずっとましですが）、全体が敬度の高いこのようなスタイルでは、やはり、文の途中でも相応の敬度を保つほうがバランスがいいでしょう。「○○大学に留学され、○○の研究を進められました」ぐらいにはすべきです（「さ

れまして」の「まして」は、むしろ、ないほうがよいでしょう)。全体との関係からいえば、もう一回り敬度を高めて「○○大学に留学なさって、○○の研究をお進めになりました」でもよいほどです。うるさすぎると思ったら、"もう一回り"は後半だけにして「○○大学に留学され、○○の研究をお進めになりました」とする手もあります。

「研究」「帰国後」は、尊敬語を使って「ご研究」「ご帰国後」ともできますが、これは「研究」「帰国後」でも、差しつかえはないでしょう。

が、「○○研究所に入り」は、上の場合と同様、「○○研究所に入られ」ぐらいにはすべきです。

最もいけないのは「移りました」です。文の途中ならまだしも、文末でのこうしたアンバランスは、まことに不格好で、「お移りになりました」とすべきです。

「注目をお集めになっています」も変です。「……ている」の場合、一般的には前半だけを敬語にしても構わないのですが(「お書きになっている」など→§20)、「注目を集める」はいわば一つの言い回しで──具体的に何か物を集めるわけでもありませんし──、この部分を「注目をお集めになる」とするのは不自然です。後半の「います」だけを敬語にして「注目を集めていらっしゃいます」のほうがずっと自然です。

必要な敬語は使い、余分な敬語(「……まして」「お集めになって」)は避けて、バランスのよい敬語づかいをするというのは、たとえばこういうことなのです。

65　敬語の賢い"手抜き"

> Q. 敬度のバランスをとろうとすると、丁寧になりすぎてうるさくなることはありませんか。

〈あちらに見合う敬度がこちらにも必要〉という発想ばかりだと、確かに、多少くどくなりがちです。が、前項で"必要な敬語""余分な敬語"ということに触れました。本当の意味でバランスをとることには、"余分な敬語"を除くことも含まれるわけですから、そこまで行えば、そうはうるさくならないものです。また、敬語には、実はもう一つ、"使ってもよいが、端折ることもできる敬語"という段階もあります。うるさくなりそうなときは、これを端折る工夫、つまり〈バランスを失わない程度に賢く敬語を簡略化する〉という発想も必要です。

「〔あなたが〕京都へ行くなら、ここにガイドブックがあります」を、敬語で言うとどうなるでしょう。「あります→ございます」、ついでに「ここ→こちら」というのは、多くの人の気づくところで、

① 京都へ行くなら、こちらにガイドブックがございます。

のような言い方をする人が結構いるものですが、これでは前半と後半の敬度がアンバランスです。正解は②です。

② 京都へいらっしゃるなら、こちらにガイドブックがございます。

②はとくにうるさくありませんが、簡略化もできます。簡略化といっても、①に戻してはアンバランスになるだけですから、他の方法です。③が簡略版の正解です。

③ 京都なら、こちらにガイドブックがございます。

①の「京都へ行くなら」も、③の「京都なら」も、敬語は使っていませんが、①に比べて③は、後半に対するアンバランス感——"使うべき敬語を使っていない"という印象——がありません。①③の違いは、「行く」という動詞の有無です。動詞の場合は、どんな動詞にも敬語形があるだけに、それを使わず非敬語形のほうを使うことは、いわばグレードの低いほうの待遇表現を使うことになり、"使うべき敬語を使っていない"ことになってしまいます。が、動詞を使っていない「京都なら」のような言い方は、グレードの低い待遇表現だという印象を与えません（もちろん「京都でしたら」のほうが丁寧ですが、それほどは変わりません。「京都でございましたら」ももちろん使えますが、簡略化にはなりません）。つまり①のような動詞を非敬語にしたままの"手抜き"より、③のような動詞を避ける形での"手抜き"のほうが、いわば罪にならない、**賢い"手抜き"**なのです。

〈敬語にあまり慣れていなくて、②がすぐ出てこない。つい①のように言ってしまう〉という人にとっても、〈②のような言い方は十分使いこなせるが、うるさくなるのを避けたい〉という場合も、③のような表現の工夫を知っておくと便利です。この種の考え方を、前項で見た講演の講

師を紹介する文に、応用してみましょう。

まず前項で直した結果の一部を書いてみます。

「本日ご講演くださる〇〇先生は……〇〇大学をご卒業後、〇〇大学に留学され、〇〇の研究をお進めになりました。帰国後〇〇研究所に入られ、研究を続けられ、〇〇年から〇〇大学にお移りになりました。……」

敬度の高い文体というのはこういうもので、私は別にうるさすぎると思いませんが、もう少し簡略化もできます。「〇〇大学に留学され、」は「〇〇大学に留学、」でもよいでしょう。非敬語形ですが、「留学、」で止めると（実は動詞としての用法ですが）名詞の形をしているため、グレードが低いという印象はなく、簡潔に言いさした感じになって、元の文（前項）の「〇〇大学に留学しまして、」や「留学して、」といった非尊敬語形よりずっと許されやすく映ります。「しまして」「して」と言ってしまうと「『なさって』『され（て）』と言うべきなのに……」という印象を与えてしまうものなのです（簡潔な敬語としては「〇〇大学にご留学、」という手もあります）。同様に「〇〇研究所に入られ、」も「〇〇研究所に入所、」とできます。

本項で述べたことは、いわば賢い非敬語、あるいは敬語の賢い回避といえるでしょう。賢い回避には、こうした"手抜き"的なもののほか、〈あの敬語もこの敬語も、それぞれ問題があるので、どちらも避ける〉という発想の、いわば"逃げ"的なものもあります。§67、§68でそれを見る前に、準備として次項を見ておきましょう。

66　身内を高める誤り

Q.「これは、父からいただいたんです」……どこかおかしいでしょうか。

　身内を高めてはいけないことは、§28で「主人は／父は明日お帰りになります」という例でも見ましたが、注意すべきは、これは尊敬語に限らず、およそ人を高めるすべての敬語の〈適用〉のルールだということです。

　補語を高める謙譲語Ⅰ・Ⅱの場合も、身内を補語として使えば同じ誤りになります。「母をご案内しました／ご案内いたしました」「主人の兄にそう申し上げました」の類で、結構耳にします。「祖母に伺った」「父からいただいた」「娘に幸せになっていただきたい」「姉にさしあげた」「親類にお目にかかる」「伯父の手紙を拝見した」など、どれも同じ誤りです。動詞だけでなく、名詞の場合も、「祖父はお<u>からだ</u>も回復し……」（尊敬語）・「兄に<u>お手紙</u>を書いた」（謙譲語Ⅰ→§48）などと言ってはいけません。

　社外の人と話す場合の社内の人物なども身内扱いすべきことは、すでに触れた通りです。また、社外の人に同僚のことを「○○は休暇をいただいておりまして」などと言うのも、休暇は会社なり上司なりからもらうわけですから、会社／上司を高めることになってしまいます。「休暇をとっておりまして」と言うべきところです。

67 身内のような、身内でないような
―― 敬語の賢い"逃げ" ①

> Q. 身内扱いすべきかどうか、難しい場合もありませんか。

　身内を高めるべからずとはいっても、実際には、**身内と扱うべきかどうかが難しい場合**も確かにあります。クイズのつもりで次例を考えてください。

　大企業A社・B社の大物社長どうしがゴルフをしました。A社の平社員P君はまだ若輩ですが、このゴルフのお供をしました。B社の社長がP君に話しかけ、A社の社長のゴルフの腕をほめました。P君は、「うちの社長は学生時代からゴルフをしていますから」という趣旨の答をしようと思いますが、次のどの言い方がいいでしょうか。

　「社長は、なにしろ学生時代から
　　① ゴルフをなさっていますから。
　　② ゴルフをしていますから。
　　③ ゴルフをしておりますから。」

　社内の人物は身内だと割り切れば①のような尊敬語は使うべきではなく、③の謙譲語がよいことになります。が、それは、自分の会社の社長と自分を一体化し、B社の社長をこれと切り離すことにもなるわけですが、問題は、一介の平社員P君がそうした捉え方をするのはいささか生意気ではないかとも思えることです。両社長とP君の地位に開

きがあることを思えば、社長と自分を一体化せず、むしろ両社長を「お二人は雲の上の方」とペアにして、自分を「物の数にも入らぬ身」と切り離す趣で、①のように言うほうが好ましいかもしれません。

内扱いの③か外扱いの①か——どちらがよいか難しいところです。両社長の親しさの程度、両社長と自分との心理的な隔たりの程度などを考えて、ケース・バイ・ケースで答を出すしかないでしょう。①も③も避けて、②に逃げる手もありそうですが、正解は、ある考え方をすれば①、別の考え方なら③なのであって、②はどちらで考えても、誤りではないかわりに、正解でもありません。

逃げるなら、上の選択肢にはありませんが、「社長は、なにしろ学生時代からのゴルフでございますから」が賢明です。「ゴルフをしています」というように動詞を使わず、「ゴルフです」というタイプの表現をすれば、"尊敬語や謙譲語を使うべきところで使っていない"ということにはなりません（→§65）。この「ゴルフですから」でもいいぐらいですが、さらに敬度の高い丁寧語「ございます」を使って上のように言えば、文句なしです（先に、然るべき人を主語とする「ございます」はやや不自然な傾向があると述べましたが、こうした例では気になりません）。敬語を賢く回避し（丁寧語は使うわけですが、尊敬語・謙譲語を回避し）、身内かどうかをぼかす高級なテクニックです。

アンケート（→「はじめに」）で実際に選んでもらった結果は、③が44.5％、②34.5％、①18.4％でした。

68 どちらに立って、どちらを立てるか
—— 敬語の賢い"逃げ"②

Q.「会長からご挨拶を申し上げます」「会長からご挨拶をいただきます」さて、どちらがいいでしょう。

会合で会長が挨拶する前の司会者の言葉としては、Q欄の二つがありますが、この二つは、実はだいぶ違います。

①「ご挨拶を申し上げます」なら、主語は「会長」で、「会長が聴衆に挨拶する」ことを、聴衆を高め、会長を低めて言う言い方です。②「ご挨拶をいただきます」なら、主語は「私たち〔＝聴衆と司会者〕」で、「私たちが会長から挨拶を受ける」ことを、会長を高め、「私たち」を低めて言うことになります。「申し上げる」も「いただく」も謙譲語Ⅰですが、①と②は主語や補語が違うので、誰への敬語かということが、全く違ってきます。なお「ご挨拶」は、①では挨拶を受ける側を高める用法（謙譲語Ⅰ）、②では挨拶する側を高める用法（尊敬語）です（→§48）。

言い換えれば、①「ご挨拶を申し上げます」では、司会者が会長を身内扱いしています。会長と司会者が一体となって聴衆に対するという捉え方です。部外の人が参加する株主総会タイプの会合なら、こう言うべきです。一方、②「ご挨拶をいただきます」のほうは、司会者が聴衆と一体になって会長をたてまつる構図です。会長はむしろ外扱

い、あるいは、内/外の仕切りを設けずに、同じサークル内の上の人を持ち上げるという捉え方で、社内だけの会合なら、こう言うべきです。

どちらがいいかは、このように会合の性質次第ですが、迷う場合もあります。同窓会・町内会・ＰＴＡなどの場合は、同じサークル内の上の人を持ち上げるという考え方なら「ご挨拶をいただきます」ですが、司会者もたいていは会長を補佐する役員の一人でしょうから、執行部として会長と一体となって一般会員に対するという考え方なら「ご挨拶を申し上げます」です。自分をどう位置づけるか、司会者の悩みどころです。同窓会などは、同窓の集まりなので、単純に長老をたてまつればよいのかもしれませんが、一般会員に寄付を頼む前などなら「ご挨拶を申し上げます」のほうが無難かもしれません。

迷ったら、「会長(から)のご挨拶でございます」と逃げる手があります。「ございます」は丁寧語なので、前項と同様、内/外の関係をぼかせますし、「ご挨拶」は会長への敬語とも聴衆への敬語とも解せるので、こう言えば、会長も聴衆も気分がいいというものです。

こうした点に無頓着で、部外の客を大勢集めながら、身内の長の挨拶を「ご挨拶をいただきます」と平気で高めて紹介する司会者が増えている気がします。「あなたにとっては上司でも、この席では、客に丁重に挨拶する立場の人なのですよ」と、客としては思ってしまいます。内/外のわきまえが日本文化では大事なはずだったのですが。

69　不快な（？）敬語

Q. 身内を高めさえしなければいいんでしょうか。

　身内を高めてはいけないのは当然ですが、身内を高めさえしなければいいというものではありません。敬語の〈適用〉上、ほかにも気をつけるべき点はあります。
　たとえば「けさ変な男がいらっしゃいました」とか「私がその変な男をご案内しました」という文（あとの文は、§35でも使った文ですが）は、奇異です。「変な男」という——身内ではないけれども——高めるのにふさわしくない人物を高めてしまっているからです。
　これほどではないまでも、別に高める対象とは思われないような第三者を話手がいわば勝手に高めるのは、概しておかしいものです。たとえば、セールスマンが客に対して同業他社のことを話題にして「〇〇社さんが最近この方面に進出されて、新製品を開発されましたが……」などというのは、見当違いな敬語です。聞手からすれば、別に「〇〇社さん」は、どうということのない会社なのです。
　大学の職員が教師を大勢集めた席で「××社さん（業者）にご相談したところ、同社がお引き受けくださいました」などと、業者（しかもその場にいない）に最大級の敬語を使う、などというのも、気になる敬語です。その上、

VI 賢い敬語・不適切な敬語

その場にいる教師には敬語を使わなかったりすると、聞くほうは、この職員は、きっと教師より出入りの業者のほうがよほど大事なのだろう、と思ってしまいます。

自分がたとえば買物をした経験を人に伝えるのに、「デパートで指輪を拝見して、店員さんに伺ったら、……とおっしゃるので」などというのも、その種のものです。こうした敬語を使う人たちは、誰彼かまわずやたらに敬語を使えばいいと思っているのかもしれませんが（あるいは丁寧語や美化語と間違っているのかもしれませんが）、聞手にとっては、その人に何の義理があるの？　と、あまり愉快でなく（あるいは、むしろ滑稽に）映ります。

一般的な形で整理すると、「聞手から見て高める対象とは思われないような第三者を高めるのは、聞手に対して失礼になる」と、大体いえそうです（§89も参照）。

ただし、少し注釈が要ります。たとえば、①学生が教授に准教授のことを話す場合、②学生が他大学の教授に自分の教授のことを話す場合は、どうでしょう。これは、私の語感では、どちらも敬語で高めてよいケースです。①では、准教授は教授から見れば下でも、その准教授を高めることで、結果的に教授のことも立てることになるからです。会社でも同様でしょう（→§84）。②では、「自分の指導教授は身内」という考え方をとるより、むしろ学生として教師を高めることを優先させるべきで、大学は違っても同じ教授という立場の人を高めることで、先方の教授に対しても礼を欠くことにはなりません。

70 「いただく」「くださる」と助詞

Q.「先生が指導していただいた」……どこか変ですね。

これでは「先生が誰か（たとえば大先生）に指導してもらった」意を、その誰かを高めて述べることになります。「先生が私を指導してくれた」のだとしたらこの敬語は誤りで、次のどちらかに直すべきです。

<u>先生が</u>指導して<u>くださった</u>。
<u>先生に</u>指導して<u>いただいた</u>。

順を追って述べます。「くれる」と「もらう」は、
　　Xが(は)　Yに　……をくれる
　＝Yが(は)　Xに(から)　……をもらう
という関係ですが、この与え手Xのほうを高めると、
　　Xが(は)　Yに　……をくださる
　＝Yが(は)　Xに(から)　……をいただく
となります。念のため、具体的な文で示しましょう。

<u>先生が</u>私に本を<u>くださった</u>。
＝私は<u>先生に</u>本を<u>いただいた</u>。

恩恵的行為の授受の場合も、やはり、
　　Xが(は)　Yに(を etc.)　……てくれる
　＝Yが(は)　Xに(から)　……てもらう
で、恩恵の与え手Xを高めると、

　　　　Xが(は)　Yに(をetc.)　……てくださる
　　　＝Yが(は)　Xに(から)　……ていただく
となります。

　　　先生が私を指導してくださった。
　　　＝私は先生に指導していただいた。

です。助詞が下線のようになるのは、それぞれ「くれる」の敬語、「もらう」の敬語なのだから当然のことです。

　ここでXだけを表現し、Yを表現しない場合は、当然、
　　　Xが(は)　……てくださる
　　　＝Xに(から)　……ていただく
つまり、
　　　先生が指導してくださった。
　　　＝先生に指導していただいた。
となりますが、このどちらかで言うべきものを、
　　　×　先生が指導していただいた。
と言う人がいます。Xが、……（「指導する」）の意味上の主語なので、気持ちはわかりますが、文法的には、高められるXは主語ではなく「Xに」なのです。

　以上の助詞の問題は「ご指導くださる／ご指導いただく」でも同じです。なお、「ご指導してくださる／ご指導していただく」は一般に誤りです（→§46、§42）。

　「くださる」の場合は、高められるXは主語なので、「くださる」は**尊敬語**ですが、「いただく」の場合は、高められるXは主語でなく補語なので「いただく」は**謙譲語Ⅰ**ということになります。§22、§42も参照してください。

71 「お/ご〜できる」

> Q.「ローンもご利用できます」……よく聞くけれど、正しい敬語なのでしょうか。

　たとえば「運転できる」は「運転する」の可能表現というように、「……できる」は一般に「……する」の可能表現ですから、「お/ご〜できる」は「お/ご〜する」の可能表現、つまり謙譲語Ⅰの可能表現です。したがって、「来週なら皆様をお招きできます/ご招待できます」のように使い、「お招きする/ご招待する ことができる」意をあらわす（もちろん補語「皆様」を高め、話手側を低める）のが、「お/ご〜できる」の正しい使い方です。

　　ご注文のお品、明日までにご用意できます。
も、話手側を主語とした正しい使い方です。
　これに対して、聞手側を主語として、
　　ローンもご利用できます。
　　特急券のない方はご乗車できません。
などと使うのは、尊敬語として使っているわけで、本来は誤りです。尊敬語なら、可能表現は、正しくは「ご利用になれます」「ご乗車になれません」です（→§19）。
　実際には、この誤った使い方がかなり見られます。これは、謙譲語Ⅰ「お/ご〜する」を誤って尊敬語として使う（→§88）のと、軌を一にする現象です。

72　電話をかけるときの「○○と申します」

Q. 電話をかけるときは「○○と申しますが……」と始めるのですね。

　自分の名を名乗る場合、「〔私は〕○○といいます」「○○という者です」という言い方がありますが、より敬度の高い表現として「○○と申します」をよく使います。一層丁寧には「○○と申す者です」「○○と申す者でございます」ですが、これは丁寧すぎる感じです。なお、"誰それに対して何々を（何々と）言う"という使い方ではないので「申し上げます」とはもちろん言いません。

　「○○と申します」は、このように「○○といいます」の敬語ですから、**最も普通には初対面の場合に使います**。電話の場合も、初めてかける場合や、目指す相手とは面識があっても取り次いでくれる人とは面識がない場合、または、初めてではないが相手がすぐに自分のことをわかってくれない可能性がある場合などに使う表現です。

　ところが、電話をかけるときはいつも「○○と申します」と言うものだと思っている人がいて（そういうマニュアルでもあるのでしょう）、よく知っている人や、ついさっき話したばかりの人から、こういう電話をもらうことがありますが、これは変で、「○○でございます」「○○です」のほうが適切なケースです。

73 二重敬語

Q.「お読みになっていらっしゃる」は、二重敬語だから誤りですか。

二重敬語は誤りだという認識は、多くの人がもっているようで、また大体正しいのですが、その際、①二重敬語とは何かを正確に認識すること、②二重敬語の中にもよいものがあることを知っておくこと、が必要です。

「お読みになっていらっしゃる」は、「読んでいる」の「読む」が「お読みになる」に、「いる」が「いらっしゃる」になったものです（→§20）。このように、各語がそれぞれ敬語になり、それをつなげただけのものは、二重敬語と呼ぶべきものではありません。実際、「お読みになっていらっしゃる」は正しい敬語です。「お嬢様はお手紙をお書きになっていらっしゃる」も、四つの別の敬語をつなげただけで、四重敬語などとは言いません。この文も、多少くどくはありますが、問題のない敬語で、言葉の丁寧な人なら、この程度の敬語は使います。

この辺の理解が不十分で、敬語を二つ含めば二重敬語、四つ含めば四重敬語だと思っている（しかも、「だからこれらの表現は不適切だ」と誤解している）人があります。数年前、某新聞でそうした論調を見て驚いたことがあります。上の両表現の類が不適切などという見方は、二重敬

VI 賢い敬語・不適切な敬語　149

語の意味を取り違えた上で、「二重敬語は不適切だ」という通説を信じたための誤った見方で、あたっていません。

　二重敬語とは、「お読まれになる」「お読みになられる」のように、一つの語について同種の敬語化を二重に行ったもの、と規定するのがよいでしょう。「読む」の尊敬語は「お読みになる」にするか「れる」を加える（「読まれる」）かですが、そのどちらか一方でよいところを、両方行った「お読まれになる」は誤り、「お読みになられる」も過剰な印象を与え、こうした二重敬語が一般に不適切なわけです。「おっしゃられる」も、「言う」を「おっしゃる」にした上、「れる」を加えた不適切な二重敬語です。なお、同種の敬語化が問題なのであって、「お読みになります」（尊敬語＋丁寧語）、「お（さし）あげになる」（謙譲語Ⅰ＋尊敬語の二方面敬語→§47）などは、二重敬語ではありません。

　以上が冒頭①の解説です。このほか②で触れたように、**二重敬語でも慣習として定着し、問題ないものもあります**。「お召しあがりになる・お召しあがりくださる」「お伺いする・お伺いいたす・お伺い申し上げる」などです。文化庁『国語に関する世論調査』(1995年4月)では「どうぞお召しあがりください」を85.4％の人が「気にならない」としました。同調査を報じた新聞各紙（1995年6月24日）は、この「お召しあがりください」を、本来は誤りで近年増えたかのようなトーンで述べていますが、以前から使われている形で、もともと誤りではありません。

74　過剰敬語

Q. 敬語の使いすぎもよくないと思いますが。

もともと敬語にあまり慣れていない人が見境なく丁寧に述べようとして、またビジネス上の文脈などで、過度に（しかも不適切に）敬語を使った結果、かえっておかしいものになるというケースは、以前からも批判されてきました。

見当違いな人を高める敬語（→§69）、「おビール」など美化語の過剰使用（→§53）、「……（さ）せていただく」の過剰使用（→後出§94）、また前項で見た（本来の意味での）二重敬語などが、その代表的なものです。

ところが最近気になるのは、敬語を使い慣れている人にとってはごく自然な部類に入る敬語を、たまたま自分が慣れていないということで"過剰敬語"だと堂々と"批判"する"論調"が一部に見えることです。前項の、誤った意味での"二重敬語"批判などがその一例です。

敬語は、やたらに使えばよいというものではもちろんありませんが、敬語の使い方は、家庭や経歴などによってずいぶん個人差があるし、また、あってよいでしょう。その意味で、言葉づかいの丁寧な人の自然な敬語を"過剰敬語"だと過剰に批判するのも差し控えたいものです。

めざすべきは、もちろん、バランスのよい敬語です。

75 「……のほう」

Q.「では田中社長のほうからご挨拶をいただきます」のように「……のほう」を付けると丁寧になるんですね。

元々は方向を指す表現が、人を直接指さずに遠回しに指す表現として使われ、敬意の表現に転じることがあります。人を指す「こちら・そちら・あちら」（巻末の敬語ミニ辞典参照）、「人」の意の「方」などはその例です。

その意味で、Q欄のような意識をもつ人がいることは、一応は理解できます。が、私自身の語感では、「田中社長」で十分で、「田中社長のほう」と言ったところで別に敬度が高まるわけではない、むしろ「……のほう」は余計な、不必要なものだという印象を受けます。

上例程度ならまだしも、「書類のほう、お持ちください」「こちらに署名のほうお願いします」「今日は担当者が休暇のほう取っておりまして」など、無意味で滑稽なほどの「……のほう」が、近年、主にビジネス上の文脈で、かなり増えています。何かのマニュアルにでもあるのかもしれませんが、こんな言い方で丁寧になると思っているとはずいぶん浅薄な意識だという気がします。さらに言うと、概して、敬語の使い方の得意でない人が使うことが多いようです。この種の過剰な「……のほう」は敬語でも何でもなく、ないほうがよほどすっきりします。

76 敬語の誤りのタイプ

Q. 一口に敬語の誤りといっても、いろいろなものがありそうですね。

誤り、あるいは不適切な使い方の主なタイプについて、整理しておきます。
（1）〈語形〉の単純な誤り
① 「お／ご」の使い分けの誤り　たとえば「ご旅行」と言うべきところを「お旅行」というなど。「お／ご」の使い分けについては→§61-(2)
② 二重敬語　たとえば「お／ご──になられる」「お／ご──（ら）れになる」など。→§73
③ 「お／ご──される」「ご出席される」などを尊敬語として使うもの。最近増えてはいるが、規範的には正しい敬語とはされていない。→§86
④ ナル敬語の〈語形〉の不適切　「ご運転になる」などとは言わない、「お読めになる」は「お読みになれる」が正しい、など。→§14、§19
（2）謙譲語を尊敬語のように、聞手や然るべき第三者を主語として使う誤り──〈機能〉の誤り
① 「お／ご──する」を尊敬語として使う　相手を主語として「お持ちしますか」（＝持って行くかの意）と言うなど（「お持ちになりますか」と言うべきもの）。→§88

VI 賢い敬語・不適切な敬語　153

② 「お/ご〜してくださる(ください)/いただく」　特別な場合（二方面敬語の場合→§47）を除き、一般に誤り。「して」を取り去って単に「お/ご〜くださる(ください)/いただく」とすべきもの。→§46、§42

③ 「お/ご〜できる」を尊敬語として使う　「どなたでもご利用できる」は「ご利用になれる」の誤り。→§71

④ その他、各種謙譲語を尊敬語のように（あるいは丁寧語や美化語のつもりで）使う　「パンとライス、どちらを<u>いただきますか</u>」（ウェイター）、「あなたは/先生は、その会に<u>まいりますか</u>」など（正しくは「召しあがりますか」「いらっしゃいますか」）。→§46

（2）謙譲語と尊敬語を組み合わせて使う誤り

　上例で、下線部を「いただかれますか」「まいられますか」とするなど。誤った謙譲語を使った後では、尊敬語を添えても誤り。謙譲語＋尊敬語は、特別な場合（二方面敬語→§47）を除き、一般に誤り。

（3）謙譲語Ⅰ・ⅠⅡが補語を高めることを知らないための誤り——〈機能〉の誤り

　身内や、高める意味のない人物を補語として、「これは父<u>から伺った</u>話です」「通りがかりの人に道を教えて<u>いただきました</u>」などと使うもの。さらに、相手方を主語として「あなたは/その方は、うちの息子に<u>お目にかかった</u>ことがありますか」などと言えば、上記（2）にも該当することになる。正しくはそれぞれ「聞いた」「もらいました」「お会いになった」。

（4）とくに「いただく」に関係する文法上の誤り
① 「いただく・くださる」と助詞の関係の誤り 「先生が指導していただいた」の類。→§70
② 「……（さ）せていただく」の「せる・させる」の使い分けの誤り 「読ま<u>さ</u>せていただく」の類。→§94
（5）身内を高める誤り（〈適用〉の誤り・不適切）

　尊敬語で高める「主人は明日お帰りになります」式のものと、謙譲語Ⅰ・Ⅱで高める「私が主人をご案内（いた）しました」式のものとがある。→§66

　上記（3）の「うちの息子にお目にかかったことがありますか」なども同様だが、問題の語が補語を高めることを知らないための誤りなら（3）、それは知った上で身内を高めてはいけないという点が不徹底な場合は（5）、ということになる。
（5'）高める意味のない人物を高める誤り　→§69
　ただし微妙な個人差もあり、それについては→§89
（6）過剰敬語　→§74。次の①②が主なもの。
① 美化語の過剰使用　「おビール」の類。→§53
② 「……（さ）せていただく」の過剰使用　→§94、§95
（7）アンバランスな敬語　→§55、§64

　誤りとまではいえないが、ここをこれだけ丁寧にしながら、ここを丁寧にしないのは変だという類のもの。慣れない人が「ございます体」を使う場合にありがち。
（8）聞手や然るべき第三者について「ございます」を使う
　誤りともいえないが不自然な傾向あり。→§54

VII 敬語あれこれ

77 「申される」——適否の断じにくい敬語①

Q.「申される」は、何となく抵抗があるのですが。

「申す」は謙譲語（謙譲語Ⅱ）なので——「プラトンが申しますには」のような丁重語の用法はあるにしても——、聞手や然るべき人を主語として、

あなたが（先生が）申しましたように……

などと使うのは誤りです。尊敬語「れる」を添えて、

あなたが（先生が）申されたように……

としても、謙譲語に尊敬語を付けたことになり、誤りに変わりありません。この事情は、§45、§46で「まいる」について述べたのと同じで、「まいられる」が誤りであるのと同様に「申される」も誤りです。これが、規範的な見方です。

しかし、歴史的には、現代の「申される」にあたる「申さる」が使われた例も見られます。「申す」は元々謙譲語ですが、ある時期から丁寧語あるいは丁寧語性を帯び、今日よりもっと丁寧語的になっていた（謙譲語性を失って使われていた）と思われる時期があり、そうした状況で、今日なら誤りとされるような「申さる」が当時は使われたのだろうと見られます。このように以前から使われていたのだし……と、現代の「申される」についても擁護する向き

もあり、研究者の間でも論議のあった敬語です。

実状はどうでしょうか。私が行ったアンケート（→「はじめに」）では、〇が40.8％、×が33.0％（「よくわからない」20.4％）、また、文化庁『国語に関する世論調査』（2005年1-2月）では、〇49.3％、×39.1％と、規範意識もあまり普及していないようです（もっとも、私の調査で「敬語にかなり自信がある」と答えた人だけを取り出して集計すると、×がわずかに上回りました）。

一方、私のアンケートで、自分自身が「申される」を使うかどうか尋ねたところ、「かなり使う」はわずか1.6％、「あまり使わない」20.9％、「使わない」77.5％で——先程の問で「正しい」という答が多かった割には——、実際にはあまり使われていないこともよくわかります。

「申される」の正誤の問題は、本項の前半で述べたように、明快には断じがたい面もありますが、これまで正しいと思っていた読者は、規範的には誤りだとされていることを、一方、誤りだと思っていた読者は、実は歴史的には擁護の余地もあるのだということを、それぞれ知っておくとよいでしょう。

もっとも「使わない」人が多く、とくに50代以上ではそれが61.2％なのに、40代以下では80.0％にものぼり、自由記入欄には「古めかしい」「時代劇の言葉だという感じ」などのコメントもありました。正誤の問題は別として、「申される」の先行きにはかげりが見えているようです。

78 「おられる」——適否の断じにくい敬語②

Q.「おられる」は、よく使っていますが、誤りなのですか。

「申される」とはまた違った意味で、正誤の断じにくい敬語です。

これも規範的には、「おる」は謙譲語Ⅱなので、それに尊敬語「れる」を付けた「おられる」は誤り、ということになるはずです。しかも歴史的にも（前項の「申される」の場合と違って）、「おられる」を擁護する余地はありません。

しかし実際には、「おられる」は、今日かなりよく聞きます。これは、一つには、そもそも「おる」自体の語感にだいぶ地域差／個人差があるということが関係していると思われます。「おる」が謙譲語だという意識をもっていない地域／人もかなりあり、そうした話手にとっては「おられる」は全く問題のない尊敬語として使えるはずです。これに対して、「おる」は謙譲語だという意識の強い人にとっては、「おられる」は謙譲語＋尊敬語ということになり、使いにくくなるわけです。（なお、「おる」については巻末の敬語ミニ辞典を参照してください。）

もっとも、「おる」については謙譲語だという意識をもっていても、「おられる」については謙譲語＋尊敬語とい

うことではなく、「おられる」全体で一つの尊敬語として割り切って使うという人もいるようです。背景としては、「いる」に対してレル敬語「いられる」が言えない／言いにくいこと（レル敬語については、制約はほとんどないのですが（→§13末尾）、数少ない制約の一つです）、また「いらっしゃる」も文体などによってはなじまない場合があること（→§21）、があると見られます。

もちろん、使う人が十分増えれば、元来はどうかということは関係なく、新しい言い方として成り立ったことになるでしょう。しかしその一方、「おられる」は誤りだという意識をもっている人もやはりいます。「おられる」の適否については、こういうわけで断じにくいところがあるのです。

実状はどうでしょうか。私の行ったアンケート（→「はじめに」）で、正しいと思うかどうか尋ねたところ、○65.8％、×10.2％（「よくわからない」19.4％）、また、文化庁『国語に関する世論調査』（2005年1-2月）では、○58.3％、×30.3％でした。

一方、自分自身が使うかについての私の調査結果は、「かなり使う」13.2％、「あまり使わない」42.5％、「使わない」44.2％で、正しいと思っている人がすべて使うというわけでもなさそうです。

以上のように「おられる」はすでに誤りともいえないほどではありますが、本来は誤りなのだとか、使わない人は使わないのだということも、知っておいてよいでしょう。

79 「とんでもございません」

Q.「とんでもございません」は、「とんでもないことでございます」というのが正しいそうですね。

言葉の「べからず集」にはよく、「とんでもない」で一つの形容詞なのだから、「ない」だけを「ございません」にするのは誤りで、「とんでもないことでございます」が正しい、とあります。本当でしょうか。

完全に一つの形容詞になりきったなら、丁寧形は「とんでものうございます」のはずです。が、これは変でしょう。ということは、「かたじけのうございます」と言える「かたじけない」に比べ、「とんでもない」は多少は分解を許すはずです。分解すると、どうなるでしょう。

①「とん」が名詞性の語で、「Nで(も)ない」式のでき方なら、丁寧形として「Nで(も)ございません」はありうる形です。

②「とんで」が「動詞＋て」、つまり「Vて(も)ない」なら、さらに二つの場合に分かれます。

(a)「Vてある」の否定なら「Vて(も)ございません」はありうる形です。

(b)「Vている」の否定(「Vていない」の「い」の脱落)なら、「Vて(も)いません／おりません」となるはずで、「Vて(も)ございません」とはなりません。

そこで「とんでもない」の語源ですが、実はよくわかりません。「とん」は名詞性の語（「途」あるいは「とにもかくにも」の「と」）だと見る辞書もあります。一方、「とんだことだ」の「とんだ」と関係があるとすれば、「飛ぶ」との関係もありえます〔「とんだ」の語源は、「飛んだ」（かけ離れた意）のようです。「とんだ」と「とんでもない」は、関係があるとすれば、前者から後者が——「全うなものからかけ離れている、といった程度にとどまらない」という趣で——できたと見られそうです〕。「とん」が名詞性なら前記①、「飛んで」なら②（ｂ）ということになりますが、かりに①だとすると、「とんでもございません」はありうる形だということになります。

もっとも、ありうることと使うことは別ですし、過度にかばう気はありません。そもそも「とんでもない」は何かを難じるか、相手の言動を強く打ち消す語なので、概して敬語になじまない（相手から過分な贈答・評価・申し出などを受けた際の受け答えとしてならまだしも、という面はあり、「とんでもございません」もそうした場合に使われるようですが、それにしても相手を否定することが敬語と合わない）、というのが不自然な一因ではないでしょうか。「おきれいですね」と言われたら「とんでもございません」などと言うより、ただ「いいえ、そんな……」とはじらっているほうがよほど好感がもてるというものです。それにしても、"正解"とされる「とんでもないことでございます」は、受け答えとしてはかなり変ではないでしょうか。

80 「ご苦労さま」と「お疲れさま」

> Q.「先生、ご苦労さまでした」って言ったら、不愉快そうな顔をされてしまったんですが。

　どちらも敬語ではなく挨拶ですが、取りあげましょう。
　「ご苦労さま」は、自分のために仕事をしてくれた人などをねぎらう言葉で、職場や学校でなら、上から下へ使うのが本来です。下から上への言葉では元々なく、上の人から何かをしてもらった場合の下から上への挨拶なら「ありがとうございます」です。
　しかし、最近は、必ずしも自分のために仕事をしてくれたことをねぎらうわけではなく、単に、労の多い仕事をしたことをねぎらう趣旨で、上下とは関係なく、下から上に対して使われることも増えたようです。1980年代半ばに某大学で、「ご苦労さま」は本来は上から下へ使う語だと話した後で、「知っていましたか」と尋ねたら、当時の学生の四分の一しか知らなかったという記憶があります。
　これからますます「上から下へ」の縛りが失われていくのかと思っていたら、やがてビジネスマナーの本で、「ご苦労さまは上から下へ」と説かれるようになりました。
　その"効果"があったのでしょうか。文化庁『国語に関する世論調査』(2006年2-3月)で、「会社で仕事を一緒にした人たちに対して、仕事が終わったときに何という言葉

をかけますか」と尋ねたところ、自分より上の人に対しては、「お疲れさま（でした）」が69.2％で、「ご苦労さま（でした）」は15.1％にとどまったそうです。

こんな具合なので、「ご苦労さま」については、やはり「本来は上から下へ」を知っておいたほうがいいでしょう。ただ、目下から「ご苦労さま」と言われるたびにストレスをためるのもつまらない話です。下からこう言われたら、上としては「ああ、ねぎらってくれたんだな」と受け止めるように気持ちを切り替えるほうがよさそうです。

一方の「お疲れさま」については、「下から上へ使う」と説く本がありますが、これは乱暴な単純化です。まず、かなり距離のある目上には、普通は使いにくいでしょう（「お疲れになりましたでしょう」ぐらいでしょうか）。また、上から下へも使います。先程の文化庁の調査でも、同じ状況で下の人に対して「お疲れさま（でした）」と言う人が53.4％もいました（「ご苦労さま（でした）」は36.1％）。

実は、「お疲れさま」は、上下にとらわれずに「共同体」意識を確認する趣旨で使う挨拶、といえるのではないかと思います。皆で仕事をした後に、というのが典型的な使い方でしょう。出先などの仕事から戻った同僚を、上下に関係なくねぎらうのにもよく使います。文化庁調査の「一緒にした仕事が終わったとき」という設定は、「お疲れさま」にだいぶ加勢したのではないでしょうか。そうでない文脈でなら、下から上への「ご苦労さま」は、実状としてもう少し多いような気もします。

81 「新年のご挨拶をご遠慮申し上げます」

> Q.「喪中につき新年のご挨拶をご遠慮申し上げます」というのは、どこかおかしい気がするのですが。

　実は敬語の問題ではないのですが、取りあげてみます。
　まず、敬語法としては全く問題ありません。「ご挨拶」は、この場合、挨拶の向かう先を高める謙譲語Ⅰの用法です（→§48）。「お/ご──申し上げます」は敬度の高い謙譲語Ⅰで、──のところに入る語には慣習的な制約がありますが、「遠慮」も入れられます（→§41, 付録p.239）。「先生から就職の話をいただいたが、私の力量には余るので、ご遠慮申し上げた」などと使います。「……に対して遠慮する」の……を高める働きです。
　しかし、「おかしい」という感覚も理解できます。それは、敬語としておかしいのではなく、「遠慮」という語の問題です。"年賀状を出さないこと"を「遠慮」と捉えるのが適切かどうかという点で、「問題ない」人と、「おかしい」人と、感覚が分かれるのだと思われます。
　江戸時代には、武士の中でも限られた人だけが、新年に将軍のお目通りを得る儀式に参上して挨拶することができました。が、そうした人でも、家内に不幸があった場合は、その儀式に出ない習慣でした。喪中のため新年の挨拶を差し控えるという元の姿は、こういうことでした。

このケースなら、まさに「遠慮」という捉え方があたるでしょう。①新年の挨拶に直接参上すること、②挨拶を受ける側（将軍）とする側とに歴然たる身分差があること、③挨拶する側としては、一定の身分ゆえに参上できるのであり、それは光栄なことであること、④その光栄な場への参上を、喪中なので差し控えること——こうした状況を総合すれば、確かに「遠慮」と表現するにふさわしいものです。"本来なら許されるはずのありがたいことを遠慮する"わけです。

ところが、現在の「喪中」の状況は、これとはずいぶん違います。①そもそも新年の挨拶を、訪問せずに年賀状で済ませること、②歴然たる身分差という世の中ではないこと、③したがって、相手に対して新年の挨拶をすることに光栄な感じなどないこと、④半ば義理で書く年賀状を喪中なので差し控えること——と、上と対比してみると、むしろ"本来すべきことを失礼する（出すべき年賀状を出さない）"という印象が強いでしょう。

本来は文字通りの「遠慮」でしたが、現状でも「遠慮」と捉えられるかどうかという点で、感覚の個人差があるようです（ちなみに、この例に限らず、どんなことを「遠慮」と捉えるかについては、結構個人差がありそうです）。「ご遠慮申し上げます」でも悪くないでしょうが、現代の感覚としては、「失礼申し上げます」のほうが当たっているでしょう。なお「失礼申し上げます」は「ご」を付けずに「——申し上げます」と使う例（→§41）です。

82　往復はがきの「ご」のフィロソフィ

Q. 往復はがきの「ご出席/ご欠席」の「ご」、返信側は消すべきだそうですが、わずらわしいですね。

　往復はがきの返信欄に「ご出席」「ご欠席」と印刷されている場合、返事を出す側は、該当するほうを残して（あるいは○をつけて）、該当しないほうを消す（出席なら「ご欠席」を消す）のは当然ですが、該当するほうも尊敬語「ご出席」のまま残さず、「ご」の字を消す習慣です。

　さらに「出席」の後に「いたします」を書き添えて、「出席いたします」とするのが丁寧でしょう。「出席させていただきます」とするのは、どうでしょうか。これは§94とも関係することで、会合の性質次第だというのが、私の考えです。たとえば結婚式なら、招待を"出席許可"というふうに捉えて「出席させていただきます」と言ってよいし（もっとも、同輩以下の結婚式なら「出席いたします」でも十分でしょうが）、とくに恩師の勲章受章パーティーなどなら「出席させていただきます」のほうが無難でしょう。しかし、クラス会とか事務的な会議など、"ありがたく出席させていただく"という性質の会合ではない場合は、むしろ「出席いたします」のほうが自然です。

　ただし、欠席の場合は、クラス会や事務的な会議の場合でも、「欠席させていただきます」のほうがよさそうです。

「おゆるしを得て欠席させていただく」という気持ちです（→§94、「本日休業させていただきます」と同様）。なお、欠席の場合は理由を書き、とくに結婚式やパーティーの場合は「ご盛会をお祈り申し上げます」ぐらい書き添えるのが礼儀でしょう。

なおまた、「ご」を残して「ご出席させていただきます」「ご出席いたします」とするのは不適当です。出席する先を高める表現として成り立つ可能性はないか、と言う人もいるかもしれませんが、とにかく「ご出席する」「ご出席いたす」という謙譲語は、慣習として使いません（それにまた、先方がこちらを高めて付けてきた「ご」を逆向きに転用するのもおかしな話です）。

「ご住所」の「ご」も消し、また「ご芳名」は「芳」も敬語なので（→§29）「ご芳」の二字を消すべきだとされています。

こういうことに神経を使うのはわずらわしい、いっそのこと初めから「出席」「欠席」と印刷してくれたら、と思う人もいるでしょう。数年前、新聞でそうした議論があり、意見が分かれていましたが、私見ではこれも会合の性質次第だと思います。クラス会などは幹事が辞を低くして皆様においでいただく性質の会ではないので、ただ「出席」「欠席」と印刷してよいでしょう。が、（少なくとも建前として）主催者側が客に対して辞を低くしておいでいただく会合、たとえば結婚式や謝恩パーティーなどなら、やはり「ご」を添えて印刷すべきものです。

83　身内の呼び捨て

> Q. 対外的には上司のことも呼び捨てにしろとマニュアルにはありますが、どうもやりにくくて……。

　対外的には、同じ社内の人物は身内と扱うべきなので、上司といえども尊敬語で高めてはいけないことは、前にも触れました（→§28）。たとえば部長が席を外していることを、社外の人に「席を外していらっしゃいます」とか「席を外しておられます」と言っては誤りです（後者は、実は「おられる」自体にも問題があります→§78）。どう言うべきでしょうか。敬語抜きで「席を外しています」でもいいでしょうが、身内ですから謙譲語で低めて「席を外しております」というほうが、相手に対して丁重です。

　〈身内だから、相手に対して低める〉という発想を、人の呼び方についてもあてはめると、社内の人物は呼び捨てにすることになります。上司が部下を「田中は席を外しております」と呼び捨てにするだけでなく、部下が上司（たとえば山田部長）について述べる場合も「山田は席を外しております」と言うべし、というわけです。

　これは、一つの筋の通った考え方で、以前は半ば常識のように（また柔軟に）行われていたはずなのですが、最近は、アルバイトや若手社員用のマニュアルにそう指示されているようで、上司のことは高めるべきだとばかり思って

いた若い世代は、結構戸惑うようです。席を外していればともかく、そばにいる上司を呼び捨てにするのはやりにくいという感じがあるのでしょう。

先程の発想に立てば、遠慮は無用のはずですが、ただ、かなり距離のある上司を指す場合や、聞手が（社外といっても）親しい間柄の場合などは、呼び捨ては、聞手にとってもかえって違和感を与える場合もあるでしょう。その意味で、マニュアルの一つ覚えというのも考えものです。私見では、上司については、無理に呼び捨てにしなくても、敬称を付けさえしなければよいのではないかと思います。つまり、「山田さんは」と言ってはおかしいが、「山田部長は」のように役職名を付けて言う分にはかまわない、という柔軟な考え方でよいでしょう。「部長」や「教授」は本来は敬称ではなく役職名にすぎません（不名誉なことをして新聞に出る場合も「〇〇部長」「〇〇教授」です）。

なお、たとえば支店の若手社員が、本社からの電話に対して、支店の上司のことを述べる場合、呼び捨てにすべきでしょうか——といった質問を、若い世代から何度か受けたことがあるのですが、これは、マニュアルによりすぎて、呼び捨てにすることの原理がわかっていないための質問です。対外的な場合ではなく、社内の言葉づかいなので、呼び捨てにすべきではありません（→次項）。

なお、以上の呼び捨ての原理は、会社などの場合の話です。学校では一般に、対外的に、同僚の教師を呼び捨てにする習慣はありません。

84　社内の敬語

> Q. 社内で、偉い人に、少し偉い人のことを話すとき、やっぱり敬語で高めたほうがいいのでしょうか。

　社内の地位がA＞B＞Cだとして、CがAにBのことを話す場合、たとえば若手社員（25歳）が重役（55歳）に部長（50歳）のことを「部長は明日外国に発つそうです」と伝える場合、「お発ちになる」「発たれる」「発つ」のどれがいいでしょうか。社会人288人に、人物の年齢も上のように設定して、アンケートをとってみました。
（ア）部長はこの社員よりだいぶ目上なので、敬語を使うべきである。「お発ちになるそうです」または「発たれるそうです」と言うのがよい。
（イ）部長はこの社員よりは目上だが、重役よりは下なので、敬語は控え目がよい。「お発ちに……」は丁寧すぎ、「発たれるそうです」ぐらいがよい。
（ウ）部長はこの社員よりは目上だが、重役よりは下なので、敬語を使うのは適切ではない。ただ「発つそうです」と言うのがよい。

　そばに部長がいないものとして答えてもらったところ、（ア）20.1％、（イ）59.7％、（ウ）19.0％でした。（ア）＋（イ）の約8割の人が、「レル敬語レベルの敬語は使うべきだ」と考えているわけです。ただ、「敬語を使うべきではない」

という（ウ）も、少数派ながら、2割ほどいます。

以前、三上章氏という研究者が、「旧軍隊ではこうした場合敬語は使わなかった」という伝聞に基づき、「話手より上でも、聞手より下の人のことは、敬語で高めない」というのが敬語の使い方のはずだ、と主張しました。上で（ウ）と答えた人は、この三上氏のような感覚の持ち主なのでしょう。しかし、この感覚はどうも一般的なものではなさそうだ、と私はかねてから思っていたのですが、このアンケートで、それが——むしろ三上氏が少数派であることが——確認できました（ちなみに、旧軍隊でも決して三上氏の説くような使い方ばかりではなかったようです）。

以上のことは、次のように分析できるでしょう。まず、

[ルール1] 聞手から見て高める対象とは思われない第三者を高めるのは、聞手に対して失礼である

というルールが（少なくとも、敬語に慣れている人には）あることは確かです。セールスマンが客に向かって同業者を高めるのが誤りなのは、このルールのためです（→§69）。もし、このルール1だけなら、上記の場合も、重役から見て部長は下なので、尊敬語を使うべきではないということになりそうです。が、もう一つ、

[ルール2] ただし、聞手よりは下の人物でも、その人物を立てることで聞手のことをも立てる結果になる場合は、問題の人物を高めてよい（高めるべきである）

というルールもあると考えられます。部長を立てることは、その上の重役も結果的に立てることになるので、この

ルール2によれば、部長を高めるべきです。結局、ルール1しか持たない人（少数派）は（ウ）、ルール1・2をあわせ持つ人（多数派）は（ア）か（イ）と考える、ということなのだと分析できるでしょう（なお、そもそもルール1を持たない人も（ア）か（イ）と答えるはずです）。

やはり若手社員（25歳）が重役（55歳）に話す場合で、話題の人物を部長（50歳）のかわりに係長（35歳）にすると、（ア）11.5％、（イ）53.0％、（ウ）34.4％と、だいぶ（ウ）が増えます。単にA＞B＞Cという問題ではなく、人物間の距離によって答が変わる人がいるわけです。

若手社員（25歳）が、課長（45歳）に、係長（35歳）のことを話す場合はどうでしょう。この場合については、「あなたが課長だとして、若手社員が自分に係長のことを『お発ちになるそうです』と述べたらどう感じますか」と尋ねました。（あ）適切な/問題ない使い方だ：32.3％、（い）違和感あり、「発たれる」ぐらいで十分：43.9％、（う）違和感あり、「発つ」で十分：23.4％でした。敬度の高い「お発ちになる」について尋ねたのでネガティブな答が多くなりましたが、（い）は「発たれる」なら可とするわけで、この（あ）（い）（う）は、それぞれ先の（ア）（イ）（ウ）と基本的に同趣旨の答です。「発たれる」も不可とする（う）は、やはり約2割にとどまりました。

なお、最初のケースで、そばに部長がいるとした場合については、（ア）36.3％、（イ）57.1％、（ウ）5.5％と、当然ながら（ア）が増え、（ウ）が減っています。

VIII 敬語の変化とバリエーション
――現在と将来、年代差、個人差など

85　敬語の過去・現在・将来

> Q. 敬語は昔から変化してきたのですか。現在起こりつつある敬語の変化には、どんなものがありますか。

　敬語に限らず、変化するのが言葉の宿命です。敬語は万葉集や源氏物語の昔からありますが、当時と今とでは敬語の〈語形〉の出入りがたくさんあります。現在は消えた語や、逆に、あとから誕生した語が多数あるわけです。

　もっとマクロな変化もあります。たとえば、現在の敬語には主なものとして尊敬語・謙譲語・丁寧語がありますが、このうち丁寧語は、実は、奈良時代まではありませんでした。平安時代に入って、丁寧語あるいは〈対話の敬語〉（→§50）という新しい〈機能〉の敬語が生まれ、敬語のシステムに変化が生じたのです。それからというもの、〈対話の敬語〉の伸長は、敬語史の大きな流れとして今日に至っています（→§91）。

　また、現在では身内を高めてはいけないわけですが（→§66）、これも以前はなかったルールです。たとえば源氏物語には、自分の父親を高めるような使い方が見られます。日本語の敬語は"絶対敬語から相対敬語へ変わってきた"といわれています。絶対敬語・相対敬語というのは金田一京助氏の用語ですが、私ふうに定義し直すと、絶対敬語とは〈聞手との関係にかかわらず（つまり、当該の人物

VIII 敬語の変化とバリエーション　175

が話手の側か聞手の側かといったファクターに左右されず)、当該の人物に対しては常に一定の敬度で待遇する敬語の使い方〉、相対敬語とは〈聞手次第で待遇の仕方が相対的に変化する敬語の使い方〉といえます。この変化は、敬語の〈適用〉の変化です。(絶対敬語・相対敬語というのは、このように敬語の使い方のことで、敬語の種類ではありません。)

　このようにマクロに見ての歴史的変化も一部あったものの、大枠としては、丁寧語が生まれて以後、尊敬語・謙譲語・丁寧語があるという敬語のシステムの基本は、長い間保たれてきました。一方、具体的なレベルでは、〈語形〉を中心にさまざまな変化がたびたび起こってきました。

　さて、現在起こりつつある変化(の芽)としては、
　①「ご―される」の定着(→§86)
　②「あげる」の美化語化(→§87)
　③「お/ご―する」の尊敬語化(→§88)
　④「させていただく」の謙譲語Ⅱ化(→§94、§95)
　⑤「聞手の目線」に立たない敬語の増加(→§89)
　⑥ 第三者敬語の減少(→§90)
などがあげられます。①は〈語形〉の誕生、②③④はいずれも謙譲語Ⅰからの〈機能〉の変化(の芽)、⑤⑥は〈適用〉の変化(の芽)です。なお、③は、もし「芽」以上になっていくとすれば大変な変化になります。このほか、⑦敬語の習得の変化(→§92)、⑧「敬語とは何か」の変質傾向(→§93)も見てとれます。以下に見ていきましょう。

86　定着しそうな「ご──される」

Q.「ご利用される」は「利用する」の尊敬語ですね。

　規範的には、この形は適切な敬語とはされてきませんでした。「ご──する」は謙譲語Ⅰの形で、これにレルを付けるとはおかしいという理由です（この他、「ご」と「利用される」の重複がおかしいと説かれることもありますが、「利用なさる・ご利用なさる」はともによいので、この点は問題の形を否とする理由になりません）。

　理由づけはともかく、少なくとも以前は、敬語に慣れた人ならまず使わなかったといえるでしょう。私見では、「ご」とレル敬語の軽さがそぐわないために使われなかった面がありそうです。しかし、最近では、「ご利用される・ご旅行される・ご卒業される」など、「ご──される」をよく見聞きするようになりました。

　①「ご利用」も「される」も尊敬語で「ご利用＋される」と分析できる形であること、②「利用なさる・ご利用なさる」がともに正しいので「利用される」に対して「ご利用される」といってもよかろうという類推が働きやすいことから、「ご利用される」が使われるようになるのは、かなり自然な成り行きだといえます。

　私の行ったアンケート（→「はじめに」）で、「ご利用さ

れる」の○×を答えてもらったところ、○が61.7％、×が29.1％、△（わからない）が9.2％でした。すでに勝負あったといえるかもしれませんが、細かく見ると、東京出身者はそうでない人より、男性は女性より、社会人は学生より×が多く、東京出身の男性社会人では半数近く（45.0％）が×なのに対し、東京以外出身の女子学生では×が2割弱（19.5％）という大差でした。

また同じアンケートで敬語に自信があるかどうかを尋ね、かなり自信ありと答えた人だけを取り出して調べると、○×ほぼ互角となり、とくに、かなり自信ありと答えた50代以上の社会人に限ると、○が25.0％、×が62.5％でした。女子学生とは全く逆で、まさに「従来は使われなかったが、使われつつある」ことを示す結果です。

近い将来はおそらく市民権を得るでしょうし、ひいては代表的な尊敬語になっていく可能性もあると思います。が、現時点ではまだ、「規範的には正しくないとされている（きた）」ということをやはり述べ添えておく必要がある、と感じさせる結果でもあります。以上を参考にして、この語形を使うかどうかは、読者一人一人自由に判断なさってください。ただ、規範的には正しくないとされてきたことは、知っておいたほうがいいでしょう。

なお、「お書きされる」など「お ― される」のほうは、あまり聞きません。「お ― 」（「お書き」）の部分の独立性が乏しいからでしょう。この部分の独立性が高い「お答えされる・お調べされる」などは時々聞きます。

87 「あげる」の美化語化

> Q.「犬にご飯をあげる」とは何たる言葉の乱れ！　と、父は嘆いておりますが、どこがいけないのでしょう。

「あげる」は、本来は「さしあげる」と同様に（敬度は少し軽いものの）あげる先を高める謙譲語Ⅰです。が、次第に謙譲語Ⅰとしての性質を弱めて、「やる」のいわばきれいな表現（美化語）として使われる傾向を──「やる」がぞんざいな表現だという性格を増すことと相伴って──強めています。ただし、この「『あげる』が謙譲語性を弱め、美化語化を強めている」という程度が、どの程度であるかについては、個人差がかなりあります。

次の各文に○×をつけてみてください。
① （他人に向かって）
　母に誕生日のプレゼントをあげたら、とても喜んでくれた。
② うちではいつも六時にポチにご飯をあげてるのよ。
③ 社長が秘書のA子に指輪をあげたらしいよ。
④ （子が父の忘れ物を会社に届け、父の同僚に）
　すみませんが、これを父にあげてください。

「あげる」は謙譲語Ⅰだという考え方に立てば、実は、これらはみな誤りといわざるを得ないものです。②③④

は、上(上と扱うべきもの)から下(下と扱うべきもの)へと「あげる」を使っています。①④は身内を高めているし、③④は主語が話手(や身内)ではありません。"違反件数"は、①が一件(身内を高める違反)、②が一件(上下関係の違反)、③が二件(上下関係の違反と、主語の制約の違反)、④がすべてに該当する三件ということになります。

実際、①－④をすべて×とする人もいます。そうした人は「あげる」を完全に謙譲語Ⅰとして使っているわけです。一方、①－④すべて○だと感じる人は、すでに謙譲語Ⅰだという意識ではなく、「あげる」を完全な美化語として使っていることになります。実際には、①－④のうち、あるものはよいが、あるものは抵抗があるという、中間に位置する人が、現状ではかなりの割合を占めます。つまり全体的に見れば、「あげる」は謙譲語Ⅰから美化語へと移行する、まさにその途上にあるのですが、その途中のどの程度の段階にあるかについて——つまり、①－④の個々の○×について——、また個人差があるわけです。

アンケート(→「はじめに」)の結果、○とする人は、①が85.1%、②が65.9%、③が62.4%、④は2.6%でした。各文の"違反件数"やその性質からして、全体として、いかにもこうだろうという感じの結果です。完全な謙譲語Ⅰともいえず、完全な美化語ともいえず、まさに謙譲語Ⅰから**美化語への移行の途上にある**「あげる」の実状が、よく見てとれます。なお、敬語の歴史を考えても、謙譲語から美化語へという変化は自然な変化です。

88 「お/ご——する」の尊敬語化

Q. 今、最も憂慮すべき敬語の誤用は何ですか。

「お/ご——する」は、明治30年代ごろから種々の動詞に使うようになり、当初は「お/ご——いたす」等に比べて正統なものではないという見方もあったようですが、戦後、代表的な謙譲語Ⅰとしての地位を得、これに伴って、以前から散見した尊敬語の用法は、はっきり誤りと位置づけられることとなりました（小松寿雄氏の研究）。

現在の「お/ご——する」については、①規範的には謙譲語Ⅰである、②美化語として使うのは、限られた語についてはよいが、過度に広げて使うのは誤り、③尊敬語として使うのは誤り、と整理しておきましょう。

②の美化語の例は「お料理する」などです。「お手伝いする・お話しする・お別れする」などの場合は、「先生、お手伝いしましょう」なら謙譲語Ⅰと見られますが、「坊や、お父さんの仕事をお手伝いしてるの？ 感心だね」は美化語です。美化語の用法が定着していない語について、
　こちらのセットには、コーヒーがおつきします。
などと使うのは、違和感があります。

深刻なのは、③です。準備として、日本語の敬語には、
　Ⅰ人称＋謙譲語、Ⅱ人称＋尊敬語

という〈人称変化・人称暗示〉的性質があり、これによって、主語なしでもコミュニケートできる面があることを復習しておきましょう。たとえば店で少し大きめの買物をした場合、店員が「お持ちしますか」といえば「私が持って行きますか（あとで配達しますか）」、「お持ちになりますか」といえば「あなたが持って行きますか」の意です（→§10）。こうして一々「私」「あなた」を言わずにコミュニケーションが成り立つのが、敬語の一つの効用です。

　しかし、それも、話手と聞手がともに「お/ご ── する」を謙譲語Ⅰとして使い、また、そう理解してこその話です。もし、「お/ご ── する」を、一人（店員）は尊敬語として使い、一人（客）は謙譲語Ⅰとして理解すると、どうなるでしょう。店員が「お持ちしますか」と言うので、客は配達してくれるものと思って礼を言って手ぶらで店を出ると、「お客さん、置いて行っちゃ困りますよ」と店員が追いかけてくる──といったことが起こります。

　このように、「お/ご ── する」の尊敬語化（前から散見はしますが、謙譲語Ⅰであることを前提としてこう呼びます）は、それによって尊敬語と謙譲語の区別が不分明になり、表現されない主語の正しい復元が──〈人称暗示〉的性質の成立が──保証されなくなり、コミュニケーションが成り立たなくなる事態さえもたらします。敬語のシステムの根幹を揺るがす一大事の芽をもつのですが、アンケート（→「はじめに」）で「社長はいつもこのホテルをご利用するそうです」の○×を尋ねると、×は69.4％で、○が

15.9%、△(わからない)が14.7%もありました。

　尊敬語と謙譲語とでは、よく使う尊敬語のほうが短い、というのが安定したありようでしょうが、現状は逆に、
　　　尊敬語の代表形……「お/ご──になる」
　　　謙譲語の代表形……「お/ご──する」
と、謙譲語のほうが短い、つまり不安定な姿です。そこで、短い「お/ご──する」が尊敬語に転用されることは、この意味では確かに無理もない面があるのです。

　古くは、「お/ご──なさる」が尊敬語の、「お/ご──いたす」が謙譲語の代表形という時期がありました。あとから一人前の敬語になった「お/ご──する」は、どちらの代用品になってもおかしくなかったはずですが、運命のいたずらか、謙譲語の代表形にまでなってしまいました。もし初めから尊敬語として育っていたら、そのほうが敬語のシステムは安定度が高かったでしょう。

　「ご──される」の定着は時間の問題でしょうが（→§86）、そうなった場合、語形的に関係のある「ご──される」と「お/ご──する」は、前者が尊敬語、後者が謙譲語Ⅰという役割分担がかえって徹底するのか、両者とも尊敬語として定着するようになっていくのか──興味深いところですが、予断を許しません。

　ともかく現在は、長い敬語の歴史の中で、**尊敬語と謙譲語の区別という敬語のシステムの根幹が揺らぐかもしれない**という不安定な要素を何パーセントか孕んだ、いわば未曾有の経験をしている時期だといえます。

89 「聞手の目線」に立たない敬語

> Q. 自分だけが知ってる人のことを、やたらに敬語で高める人がいますね。どうも気になるんですが。

あなたの同僚／近所の人が、あなたに、自分の先輩のことを（あなたはこの先輩を知りません）、

　大学の運動部のときの先輩がこんど勲章を受章なさってね、僕にパーティーの発起人をやってくれとおっしゃるんだ（です）。

などと高めて話したとしたら、どう感じますか。

「どんなに偉い先輩か知らないが、一面識もない私が何で敬語につきあわされなければならないのだろう」と、不快感／違和感を感じますか。それとも、とくにそうは感じませんか。読者の反応はどうでしょう。

アンケート（→「はじめに」）をとってみたところ、「不快に感じる」または「不快というほどではないが違和感がある」という趣旨の否定的な答が43.6％、「不快感／違和感はない」が55.3％と、ほぼ互角でした（その他の答が1.1％）。後者の55.3％のうち、「自分はこういう言い方はしない」という人は38.1％、「自分も、時にこういう言い方をする」が17.2％でした。

§69で、セールスマンが客に同業者のことを敬語で高める例や、買物の経験談を知人に話すときに店員を高める

例（いずれも不適切な敬語使用）をあげ、概略、

　　聞手から見て高める対象とは思われないような第三者
　　を高めるのは、聞手に対して失礼になる

という敬語の〈適用〉のルールがあると分析しました。この捉え方に立てば、本項の例も、聞手にとっては「その人は、私にとっては別に偉い人でも何でもないんだけど」というケースですから、敬語は避けるべきことになります。不快感／違和感があるという答が出るのは自然なことだといえます。§69の例と、広い意味では同類のケースです。

　ただ、話題の人物が話手にとっては明らかに高めるべき人である点は、§69の、同業者や、たまたま買物をした先の店員を高める場合とは違います。そこで、§69の場合に比べれば許されやすいともいえ、不快感／違和感をもたない人もいるでしょう。

　というわけでアンケートをとってみたのですが、結果は上の通り割れました。興味深いのは、答に年代差が見られることです。否定的な答は、20代以下（学生と20代の社会人）では38.6％ですが、50代以上では63.6％にものぼります。これは、若い層が上のような〈適用〉のルールをまだ十分身につけていないのだ、とも見られます。20代の社員が50代の上司に上のような言い方をすれば、「言葉づかいを知らないやつだ」と映る可能性があるわけです。

　問題は、今の若年層が年齢とともに上のルールを身につけていくかどうかです。もしそうならなければ、敬語〈適用〉のルールが微妙に変わっていくことになります。

90　第三者敬語の減少

Q. うちのOLたち、私の留守中に私のことを話すとき、ちゃんと敬語を使ってくれてるかな……。

　敬語の〈適用〉の変化といえば、実は、そもそも第三者への敬語が減ってきているようです。

　部長がいないときに、同僚が「部長はきのう相撲を見に行ったんだって」と言うのを聞いたらどう感じますか、というアンケートを、文化庁『国語に関する世論調査』（1999年1月）で行ったところ、（ア）「上司なのだから、たとえそこにいなくても『見にいらした（行かれた）』ぐらいの言い方はすべきだ」が30.4％、（イ）「本人がいないのだから、この言い方でよい」が64.0％だったそうです。

　以前に同様の調査をした結果があるわけではないので、（イ）が増えてきたのかどうかは厳密にはわかりませんが、年代別に見ると、（イ）は、70歳以上では45.6％、60歳代では54.6％、50歳代と40歳代では6割台の前半、30歳代以下では7割台、20歳代男性では80.6％という、はっきりした年代差が見られます。若年層が年齢を重ねるにつれて今後変わっていく可能性もあるにせよ、第三者敬語は基本的に減少傾向にあるといってよいでしょう。

　その場にいなくても高めるべき人は高めるというのが、一つの美徳だったはずなのですがね。

91 〈対話の敬語〉の伸長

Q. 敬語の歴史の「法則」みたいなものって、ありますか。

ここで、敬語の歴史に触れておきましょう。

三分類の丁寧語、言い換えれば〈対話の敬語〉(→§50) は、奈良時代にはまだなくて、平安時代に生まれました (→§85)。当時の丁寧語の代表は「はべり」です。その後の〈対話の敬語〉の発達は著しく、「さぶらふ/さうらふ」「ござあり/ござる」をはじめ、多くの丁寧語が生まれました。現在では「ます」「です」「ございます」と、種類自体は少ないものの、使用頻度はきわめて高くなっています。

しかし、〈対話の敬語〉の伸長は、狭義の丁寧語だけではありません。「まいる」「申す」などの謙譲語Ⅱも、聞手への敬語なので、〈対話の敬語〉なのですが、興味深いのは「まいる」「申す」の歴史です。以下、「まいる」で代表させて説明しましょう。「まいる」は、今でこそ「駅にまいります」「その怪しげな事務所にまいりました」のように、行先を問わずに使える謙譲語Ⅱですが (→§38)、以前は (当時は「まゐる」) こうした使い方はできず、然るべき先に参上する場合だけに使われていました。つまり、今の「伺う」のような謙譲語Ⅰでした。実は、「まいる」

は謙譲語Ⅰから II への変化をとげたのです。

ほかにも、謙譲語 I が〈対話の敬語〉化して謙譲語 II になった例は、敬語史上、「申す」「つかまつる」「まらする」（元の形は「まゐらす」）などでも見られます。謙譲語 I は補語への敬語すなわち〈話題の敬語〉ですが、ここから、主語を低く位置づける意識が生じ、とくにその主語が話手自身の場合は聞手への丁重さをあらわすことにつながって、〈対話の敬語〉に変わりやすいのでしょう。「謙譲語 I の謙譲語 II 化」は、このように長い敬語史の中での頻出現象でもあり、特に「まゐらす→まらする」からは丁寧語「ます」ができたという意味でも、〈対話の敬語〉の伸長の中核を担ってきたともいえるのです。最近の「させていただく」の「乱れ」も、実は同種の現象だと見ることができます（→§94、§95）。

§90で見た第三者敬語の減少も、「〈話題の敬語〉が、実際には、II 人称者を話題とする用法に偏って使われる」ということ、つまり「〈話題の敬語〉の〈対話の敬語〉化」だと見られます。さらにいえば「〈対話の敬語〉の世界に〈話題の敬語〉が吸収されていく」という方向への変化だとさえいえるでしょう。第三者敬語を使わない人にとっては、〈話題の敬語〉も〈対話の敬語〉なのですから。

「させていただく」の「乱れ」や、第三者敬語の減少自体は最近の現象ですが、マクロな敬語史の中に置いてみると、平安時代から徐々に強まってきている〈対話の敬語〉の伸長傾向の中で位置づけることのできる現象なのです。

92 社会の変化と敬語
―― 敬語の大衆化、敬語の習得の変化など

Q. 世の中が変わると敬語も変わるんでしょうか。

敬語の場合、一般のことばにも増して、その傾向が強いでしょうね。三つほど例をあげてみましょう。

まず、第二次大戦前に比べて、それ以後の日本社会が平準化傾向を強めてきたのに伴って、敬語が上下敬語性を薄めてきたということはいえるでしょう。

また、数十年も前は、敬語は、敬語になじんでいる人だけが使うもので、その一方、敬語とはさほど縁のない生活を送っていた人も結構多かったのではと思われます。それが社会の変化で、いわゆるホワイトカラーや販売・サービス業務に従事する人など、敬語を使う必要のある人が急速に増えました。いわば敬語の大衆化ですが、慣れない人が使うことにもなるわけで、これにあわせるように1970年代から敬語のハウツー本が盛んに出るようになりました。こうした「大衆化」はまた、敬語の変化にもつながります。

敬語の習得も変わってきているようです。「敬語の使い方を、主にどういうところから覚えたか」を尋ねたNHKのアンケート結果（1999年）を見てみましょう。選択肢の中から、「両親」と答えた人と「職場の人間関係」と答えた人を取り出して比べると、全体では「両親」58.1％、

「職場」38.0％で、40歳代以上ではすべて「両親」のほうが多いのですが（例えば60歳以上の男性では「両親」59.0％、「職場」32.4％）、30歳代男性では「両親」45.1％、「職場」51.2％と逆転します（30歳代女性も同傾向）。

　敬語を身につける場は、若年層では、家庭から職場あるいは社会へと移りつつあるわけです。核家族化が進んで家族間の敬語が使われなくなったことや、第三者敬語の減少（→§90）とも軌を一にする現象といえるでしょう。

　これは、敬語の「習得の場」の変化というだけでなく、「習得の時期」が遅れることでもあります。また、幼時に家庭で自然に身についた敬語なら、使い手の中に根をおろした敬語になるでしょうが、大人になってから職場で身につけた敬語はそうなりにくいという意味で、「習得の質」の変化ひいては「敬語の変質」につながります（→§93）。

93　ネクタイ敬語

Q. 若年層にとっては、敬語ってどんなものなんでしょうね。

　敬語が、家庭ではなく、職場で身につけるもの（→§92）ということになると、それは、「〈社会人としての振舞い〉が求められることに伴う敬語」という性格を強めるでしょう。いわばネクタイのようなものとして、若年層

は敬語を習得するようになってきているわけです。

　職場で身につけ職場で使う敬語は、「とりあえず目の前の対話の相手（上司や顧客）に対して、自分はいま〈社会人〉として振舞っているので敬語を使う」あるいは「自分が〈社会人〉として振舞っていることを示すために敬語を使う」という発想の敬語になりやすいと思われます。つまり、〈対話の敬語〉性が強く、それも「〈社会的モード〉（＝社会性の高い発話姿勢）で話すときのスタイル」という性格の強い敬語に、「職場で習得する（若年層の）敬語」はなりがちで、これが〈ネクタイ敬語〉です。

　「その場にいない人でも、然るべき人には敬語を使う」という発想の敬語にはなりにくく（「誰にも会わない日でもネクタイをしよう」とは思わない、のと似ています）、そのため、職場でさえ、本人が目の前にいなければ第三者敬語は使わない（→§90）ことにもなるのでしょう。

　中学生が多少改まった場（たとえば転校の挨拶）で敬語を使うとすれば、それは聞手のクラスメートを目上と見たり距離を置いたりしているのではなく、ただ〈大人モード〉で話しているわけです。ファストフード店でアルバイトをする学生の敬語は〈販売員モード〉、上のような職場の敬語は〈ネクタイモード〉。みな同じことで、「〈社会的モード〉で話す場合の言い方」というのが——上下や敬意の表現というよりも——、現在の若年層にとっての敬語（の実質的に主要な面）なのではないか、この意味で「敬語とは何か」が変質してきているのではないかと思われます。

94 「させていただく」の「乱れ」とその正体

Q.「させていただく」、乱れてませんか。

　もちろん「乱れ」ではない用法もあります。たとえば「コピーさせていただく」は、〈相手が、持っている資料を、好意で、私がコピーすることを許してくれる〉場合なら適切な使い方です。「すみませんが、それ、コピーさせていただけないでしょうか」と許可を求めたり、「貴重な資料をコピーさせていただいて、ありがとうございました」と礼を言ったりするのに使います。

　しかし、たとえば上司がどこからか持ってきた資料を、部下に命じて自分のためにコピーをとらせる場合、命じられた部下が「はい、コピーさせていただきます」と言うのは変で、「はい、コピーいたします」が適切です。

　「させる」の一用法に、「……することを許す」つまり「好意的な許可を与える」という用法があります。「……する」側が「させてもらう」と述べるのは、「相手の好意的な許しを得て、そうさせてもらうという恩恵を受ける」という捉え方ですが、さらに「もらう」に代えて「いただく」を使えば、「恩恵の与え手」（上例ならコピーさせてくれる人）を高めます。これが「させていただく」本来の用法で、〈相手から許可・恩恵を受ける意味であること〉〈そ

の「恩恵の与え手」を高めること〉という二重の意味で敬度の高い表現です。

ところで、日本語には、「実際はそうでなくても、あたかも相手から恩恵や許可を得たかのように見立てて述べるのが、相手を立てることになる」という発想があります（→§4）。実際には「案内してやる」のでも、「ご案内させていただきます」と言うようなのが一例で（謙譲語Ⅰ「ご案内する」に「させていただく」が続いたもの）、これは、相手を貴人に見立て、許しを得て案内させてもらう光栄に浴するという発想です。パーティーの案内を受けて「出席させていただきます」と答えたり、「本日休業させていただきます」と掲示したりするのも、パーティーの案内を"出席許可の恩恵"と捉え、実際には自分で勝手にする休業を"お客様のお許しを得て"と捉える発想です。

こうして、「させていただく」は次第に拡張して使われるようになります。その一方で、「実際はそうではないのに、何もそこまで」と否定的な人もいて、個々の例ごとに、適否の判断が人によって分かれることにもなります。個人差は避けられませんが、概略的にいえば「その見立てがどのぐらい自然か」という程度が、「させていただく」の受け入れやすさの程度に関係するといえるでしょう。今の二例についても、一部の人は過剰敬語だと批判するようですが、私見では、この程度なら「見立ての恩恵」として説明のつく範囲で、とくに問題ないと思います。

しかし、恩恵・許可を得るという本来の意味を離れすぎ

て、その延長という説明のつかないような場合にまで広げると、違和感が増してきます。命じられて上司のためにコピーするのは、部下にとって恩恵や許しを得る性質のことではないので、「はい、コピーさせていただきます」は、私の感覚では過剰使用です。貴重な資料を「君の分もコピーをとっていいよ」と言われて初めて、「ではそうさせていただきます」となるのです。

結婚式のスピーチで「私は新婦と三年間一緒にテニスをさせていただいた田中と申します」などと言うのを聞くことがありますが、「一緒にテニス」は、普通は——相手が特別な人でない限りは——対等な関係で、「許しを得てのこと」「一方的に恩恵を得ること」とは見立てにくいでしょう。新郎新婦が貴人なみに扱われる結婚式でなら辛うじてよいのかもしれませんが、かなり違和感があります。

セールスマンが押しかけて「実は、このたび新製品を開発させていただきまして……」と言う場合、「新製品の開発」は、相手と全く関わりなく行った自己完結的な行為で、相手の許可や恩恵を得てそうしたとは、到底見立てようがないケースです。こういうのが「乱れ」の典型で、「開発いたしまして」と言うべきところです。(なお、同じ「新製品を開発させていただく」でも、たとえば、会社で新製品を開発したいと上司に願い出て、その許可を得るような場合なら、問題のない使い方です。)

ところで、今のセールスマン氏の例は、どういう意識で使っているのでしょうか。〈恩恵の与え手を高める〉とい

う原義を忘れ（または知らずに）、「させていただく」を、単に辞を低くして述べる表現という意識で、つまり「いたす」と同じような感覚で使っているのだと見られます。

「いただく」は、本来「恩恵の与え手」を高める敬語で、それが文法的には補語なので、謙譲語Ⅰです（→§42）。「させていただく」も、本来は恩恵の与え手を高める謙譲語Ⅰです。「出席させていただく」も、「見立ての恩恵の与え手」を高めているといえます。ところが、先程の「新製品を開発させていただく」では、恩恵と見立てることも困難で、上述のように、ただ聞手に丁重に述べようとしているもの、と見るしかないでしょう。とすると、これは、もはや謙譲語Ⅱです。「させていただく」の「乱れ」の正体は、実は〈謙譲語Ⅰから謙譲語Ⅱへの変化〉なのです。

まとめると、「させていただく」は大別して、①〈謙譲語Ⅰとして、「恩恵」を狭く捉えて使う人〉、②〈謙譲語Ⅰとして、「見立ての恩恵」まで広げて使う人〉、③〈謙譲語Ⅱとして、「恩恵」と見立てられない場合にまで広げて使う人〉がいることになります。日本文化が「恩恵」意識を重視してきたから①から②へと広がったはずなのですが、②から③へは、むしろ「恩恵」の原義を忘れた広がりです。ともかく後にあげた人ほど使い方が広いわけで、初めのほうのタイプの人が、後のほうのタイプの人だけが使う用法に接すると、「乱れ！」と感じるわけです。

なお、1997年に103名に行ったアンケート結果では、パーティーの出欠の返事での「出席させていただきます」を

○とする人は83.5％、「新婦と一緒にテニス」の例を○とする人は38.8％、セールスマンの「開発させていただく」を○とする人は16.5％でした。順当な結果でしょう。

ちなみに、五段活用の場合は本来「せていただく」ですが、「読ま<u>さ</u>せていただく」式の誤用も聞きます。これも、もはや使役の原義をとどめていないということでしょう。原義を忘れて謙譲語Ⅱに向かうのなら、むしろ、一律に「さ」を入れるほうが簡単でいいのかもしれません。

95 変わりゆく「させていただく」と「敬語の歴史」「敬語の現在」

Q. どうして「乱れ」がこんなに広がるのでしょうね。

「させていただく」の「乱れ」の正体は、実は〈謙譲語Ⅰから謙譲語Ⅱへの変化〉だということを前項で見ました。

謙譲語ⅠからⅡへの変化は「まいる」や「申す」でも以前起こったことで、〈「対話の敬語」の伸長〉という敬語のマクロな歴史の流れの中で頻出する現象であることを、先に見ました（→§91）。だとすると、「乱れ」と言ってもいられません。敬語の「変化」として、やがて定着する可能性があることになります。

また、現在の敬語の状況を見ると、この「させていただく」の「変化」に加勢するファクターがいろいろあります。

まず、聞手への丁重さを醸し出す謙譲語Ⅱは、敬語の「〈社会的モード〉の表現」化＝〈ネクタイ敬語〉化（→§93）の中で格好のツールでしょう。

　ところが、謙譲語Ⅱの代表選手「——いたす」は、「——する」型（サ変）の動詞でなければ使えない、また、文末以外では使いにくい、という制約があります。つまり、先程の例なら「開発いたしました」と言えますが、「新製品を作りました」は、「——する」型動詞でないので「作りいたしました」と言えないし、「新製品を開発した業者です」も、文末ではないので「開発いたしました業者です」は不自然です。この「いたす」の守備範囲の不足を補うように「作らせていただきました」「開発させていただいた業者です」と言う、という面がありそうです。「守備範囲の広い謙譲語Ⅱの形」を求める心理が潜在的にあって、そこに「させていただく」が入り込もうとしているのです。

　そして、「させていただく」の謙譲語Ⅱとしての用法が「誤用でない」とされる日が来れば、まさに「誰でも簡単に使える敬語」として、「大衆化」（→§92）の時代の敬語の有力な「担い手」になっていくことでしょう。

　私個人としては抵抗のある「させていただく」の「乱れ」ですが、敬語の「歴史」も「現在」も、この「変化」の味方のようです。敬語を使い慣れた人にとっての「乱れ」が、分析してみれば、実は今後の敬語の「担い手」の有力候補でさえあるということを、私は、一人の日本語の使い手と、言語学者の間を行き来しつつ、複雑な思いで見ています。

96 敬語の規範と、一人ひとりの敬語

Q. 敬語が昔から変化してきたもので、今も変わりつつあるのなら、その規範を説く意味はあるのでしょうか。

敬語に限らず、言葉は昔から変化してきたし、今も変化し、あるいは変化の芽が生じています。どのみち変わりゆくのだとすれば、規範を説くのは甲斐のないことだともいえます。また、言葉は一人ひとりのもの、でもあります。

文化審議会「敬語の指針」(2007) の作成にあたって私も協力を求められたとき、引き受けるかどうか迷いました。しかし、言葉の使い手の多くにとって「言葉を適切に使いたい」という意識はかなり強いものがあります。これも、敬語に限らずそうなのですが、敬語の場合はとくにそれが強いようです。そうである以上、そうした気持ちに応えて、敬語を使う上での拠り所についての必要な情報を提供するのもまた言語学者の仕事だと考えて、結局、「指針」作りにも協力することにしました。

この本も同様の動機から書いたものです。「指針」のような公の仕事は何かと制約もあるものですが、この本は、ざっくばらんバージョンです。規範を示すというよりも、読者が敬語について見る目を深め、一人ひとりの判断で「自分にふさわしい敬語」を使えるようになっていく手がかりとしていただきたい、というつもりで書きました。

97 敬語の個人差 ── 寛容さの必要

Q1. お母様の言葉は上品すぎると嫁が申しますのですが。
Q2. もう少し上品におっしゃいと姑が言うんですが。
Q3. お前の言葉はよそよそしいなと言われたのですが。
Q4. 君の言葉はなれなれしいねと言われたんですが。

お姑さんが「お大根」、お嫁さんは「大根」、という例は§53であげました。これは美化語の個人差でしたが、美化語に限らず敬語あるいは言葉全般に個人差はつきものです。生活習慣に個人差があるのと同様です。

人はとかく自分を基準にしがちですが、自分と違う言語習慣の人もいるのだということを念頭に置いて、互いに好意的に理解する心がけが大事だと思います。人の言葉づかいが、とくに間違っているわけでもないのに、自分と違うからといって直ちに拒否反応を示したり、あるいは逆に、自分の言葉づかいがおかしいわけでもないのに人に無理に合わせて自分のほうを直したり、ということでストレスをためるのは、よくないでしょう。

とくに美化語の「お/ご」の付け方は個人差がかなり大きいものですが、よく使いがちな人があまり使わない人のことを"言葉が乱暴だ"と難じたり、逆に、あまり使わない人が比較的よく使う人のことを（決して過剰敬語ではないのに）"おかしい"と笑ったりするのは、どうかと思い

ます。人それぞれ、生活歴などが違えば言語習慣も違うのですから、互いの習慣を尊重する大らかさがあるべきでしょう。また、自分の使い方が一定の常識的な範囲におさまってさえいれば、それを自然に使えばいいのであって、それ以上に過度に使おうとしたり、過度におさえようとしたりする必要もないと思います。

Q3・Q4にあげたのは、〈どのぐらい親しければ、どのぐらいくだけた言葉づかいをするか〉についての感覚の個人差がある、ということです。かなり親しい相手にも丁寧な言い方をする人もいれば、さほど親しくない相手にもくだけた言い方をする人もいます。前者のタイプの人は時に「よそよそしい」と、後者のタイプの人は時に「なれなれしい」と映りがちです。

本当に「よそよそしい慇懃(いんぎん)無礼なやつ」「なれなれしい無礼なやつ」の場合もあるでしょうが、実は、当人は決してそうではないのに、受け止める相手との間に感覚の個人差があって、そう映ってしまうだけという場合も結構あるはずです。これも、人の言葉づかいを受け止める場合に、「自分にはこう映っても、当人はそういうつもりではないかもしれない」という寛容さをもって受け止めることが大切だと思います。なにしろ、言葉づかいの個人差は、かなり大きいのですから。

個人差はなるべく寛容に受け止めたいと述べてきましたが、誤りや、およそ"なっていない"言葉づかいにも寛容になるべきでしょうか。これについては次項で触れます。

98 許せる誤り・不快な誤り

Q. 人の敬語の誤りが気にさわって仕方ないのですが。

　敬語の誤りにも、心情的に見て、いわば許せる誤りと、不快な誤りとが、やはりあるように思います。
　まず、〈誠実に一生懸命敬語を使おうとしたのだが、やや知識が欠けていて、または慣れが足りなくて、結果的に言い誤ってしまった〉というタイプのものは——とくに、まだ若い人のそうした誤りは——、私は概して寛容に受け止めることにしています。敬語の誤りの中では、感じのよい部類のもので、いわば"真心ある失敗型"です。もっとも、言葉のプロ（アナウンサー・記者など）や接客のプロの誤りは、この種のものであっても、お粗末と言わなければならないでしょう。
　一方、不快な誤りの一つは（狭い意味での誤りではありませんが）使うべき敬語を使わないケースです。敬語の使い方には個人差があってよいと前項で述べましたが、〈当然使うべき場面なのに、使おうと思えば最小限の敬語ぐらいは使えるはずの人が、初めからそもそも使う気がないような、あまりに無愛想な言葉づかいをする〉というのは、やはり礼を失した印象を受けます。いわば"失礼な無愛想型"です。

もう一つは〈使い方を心得ていないのに、誤った/不自然な敬語を乱発する〉もので、こなれていない「ございます」(→§55)や「させていただく」の過剰使用(→§94)、見当違いな人を高める誤用(→§69、§89)、その他、様になっていない敬語の乱発の類です。

　　あ、ご主人様でございますか。突然お邪魔させていただきまして、どうも……。今、お時間ございますか。実はですね、私どもは○○関係の仕事をさせていただいてまして……。あの、○○社さんって、ございますね。有名だから、存じ上げておられると思いますが、その○○社さんと同じようなことをやらせていただいてます。で、○○社さんは最近○○を売り出されたんでございますが、私どもは……

といった調子のもので(不適切なところは何箇所あるか考えてみてください)、かえって浅薄な、無神経な印象を受けてしまいます。先程の"失礼な無愛想型"とは対照的ないわば"空虚な軽薄型"ですが、どちらも心がこもっていない不快さは共通です。先の"真心ある失敗型"に対しては寛容になるにしても、この種の"なっていない"タイプには寛容になる必要はないでしょう。

　本題を離れますが、上例の不適切な点を確認しておきましょう。

　まず、「ございます」について見ると、「ご主人様でございますか」「お時間ございますか」は、どちらも聞手を主語として使っていて、誤りとはいえないまでも、こなれて

いない感じです。「ご主人様でいらっしゃいますか」「お時間おありですか」のほうが、こなれています（→§54）。ただ、「ご主人ですか」「お時間ありますか」でも、感じよくさえ言えば十分だという気がします。

「○○社さんって、ございますね」は、理屈の上では問題ありませんが、やはり浮いた感じです。それほど丁寧に言う必要もないし、「……って」とのバランスも悪いので、「○○社（さん）って、ありますね」のほうが自然でしょう。最後の行の「……んでございます」も、「……んです」で十分です。

「突然お邪魔させていただきまして」「○○関係の仕事をさせていただいてまして」「同じようなことをやらせていただいてます」は、どれも「させていただく」の過剰使用です（→§94）。「突然お邪魔いたしまして」「○○関係の仕事をしておりまして」「同じようなことをしております（いたしております）」が普通です。

「存じ上げておられると思いますが」も、相手を主語として謙譲語Ⅰ「存じ上げる」を使った点が誤り（→§46）、「おられる」も本当は問題のある敬語です（→§78）。相手が「知っている」ことを言うのですから、「ご存じだと思いますが」です。

「○○社さんは最近○○を売り出された」も、客に向かって自分の同業者を高めている点で、見当違いな人を高めていることになります（→§69）。「売り出した（んですが……）」と言うべきところです。

99 敬語と人柄——適切な敬語をめざして

Q1．巧言令色みたいな敬語もありますね。
Q2．敬語の使い方にまだまだ自信がないのですが。

　敬語の誤りにも、寛容に聞ける"真心ある失敗型"もあれば、"失礼な無愛想型"や"空虚な軽薄型"のように不快なものもある——ということを前項で見ました。
　ところで、"真心ある失敗型"と映るか"空虚な軽薄型"と映るかは、結局、背後に感じられる人柄次第ともいえるでしょう（前項で"空虚な軽薄型"の例としてあげたものも、実直そうな人が一生懸命敬語を使おうとした結果なら、"真心ある失敗型"と映るかもしれません）。
　そして、これは、実は誤りの場合だけではありません。正しく使った場合でも、背後に感じられる人柄によって、感じのよい心ある敬語だと映る場合もあれば、うわべだけの敬語だと映る場合もあるでしょう。
　ただし、ここで言い添えておきたいのは、敬語の背後に人柄を感じるという、その人柄の感じ方を、悪いほうに間違えないように気をつける必要がある、ということです。これは前々項と関係します。敬語をあまり使わない人は、他人の丁寧な敬語を——話している側は決してそういうつもりではないのに——、慇懃無礼だと受け止める傾向があるようです。しかし、言葉の丁寧な人は敬語が身について

いて、かなり敬語を使うものです。それを、敬語に慣れていない人が自分の感覚で測って、あの人は巧言令色なのだろうと思うのは、時に危険です。

敬語は、本来、巧言令色のためのものではなく、心あるべきものだと思います。つまるところ、敬語は人柄、といってよいでしょう。私よりもずっと年長で、しかも、もう知遇を得てから久しいのに、私のような若輩に対しても言葉づかいのまことに折り目正しい先輩の学者を、私は何人か知っています。

さて、読者の中で、敬語にまだあまり慣れていないという向きは、〈かりに誤っても"空虚な軽薄型"ではなく"真心ある失敗型"でさえあれば人柄や気持ちは通じる〉という期待をもって、多少は誤ることもおそれずに、できるだけ敬語を使おうとする気持ちをもってよいのではないかと思います。

が、人柄が伝わるのは、やはり、〈できるだけ細やかに、礼を欠かないように、誤らないように気を配る〉という努力を伴ってこそのことですから、（かりに時々誤ることはあるにしても）できるだけ正しい知識に基づいて適切に使おうという心がけは——これは、もちろん敬語に強い人も弱い人も——、強くもっていただきたいものです。

敬語に強い読者・弱い読者を問わず、敬語の知識を豊かに、また確実にし、かつ適切に敬語を使う上で、本書を役立てていただければ幸いです。

100　むすび——敬語の心

Q. 結局、敬語というのは、何なのでしょうね。

　会社で権限を振るえる立場にあるA氏が、失業中の旧友B氏を自分の会社に呼ぼうと思ったとします。「呼んでやろう」と胸の中で思うのはよいとしても、B氏に向かって「お前を呼んでやろう」と言ったとしたら、B氏はどう思うでしょう。「来てくれないか」と言うのが礼儀・思いやりというものでしょう。「呼んでやる」は自分から相手に恩恵を与える、「来てくれる」は相手から自分が恩恵を受けるという捉え方です。さらにいえば、「呼んでやる」という言い方は、"俺はおまえに恩恵を与えることができるだけの権限をもっているんだ、俺のほうが強い立場なんだ"という述べ方になるわけです。

　自分の力を見せびらかすのはあまり品のいいことではないという発想が、私たちの文化には昔からあるはずです。そうも言っていられない悪い世の中になってきたという面はあるにせよ、少なくとも物のわかった人の間では、そうした品位への指向があるわけで（それが、まさに教養というものでしょう）、実状は自分が強い立場でも、いや、かえってそれだけに、「来てくれないか」という捉え方をするのが、相手への配慮でもあり、自分の品位でもあります。

一方、B氏のほうは、かりに「じゃ、行ってやるか」という気持ちでも、受ける以上は、「ぜひ行かせてくれ」というように、自分が恩恵を受けるという答え方をするのが常識的でしょう。「来てくれないか」「行かせてくれ」のように、互いに相手から恩恵を受けるという捉え方をするのがいわば美徳なのであり、「呼んでやろう」「行ってやる」では（よほど親しい間で冗談のように言う場合以外は）喧嘩にさえなってしまいます。ついでながら、第三者に述べるときは、つい「Bを呼んでやった」「Aのところに行ってやった」などと言う人がいますが、第三者に述べる場合も「B君に来てもらった」「A君に呼んでもらった」と述べるのが品位というものです。

敬語そのものではなく、恩恵として捉える表現を例に述べてきましたが、恩恵の表現と敬語とは関係が深いことは、これまで§4など随所で見てきました。〈相手から恩恵を得ると捉える〉のと、〈相手を上と捉える〉とは通い合い、どちらも〈相手を立てる〉わけです。然るべき人に対してはもちろん、目下や弱い立場の人などに対しても敬語を使うのは、要するに、「呼んでやる」でなく「来てくれないか」と言うのと同じ配慮だといえるでしょう。これが、敬語の心のはずです。ただ、その趣旨が本当に活きた使い方になるか、うわべだけの使い方になるかは、それこそ人柄と、また双方の心次第でしょう。

これまで敬語の知識や技術的なことを主に述べてきましたが、最後に敬語の心について触れ、これで結びとします。

付　　録

付録1　敬語腕だめし……………………………209

  1)　尊敬語の形にしてみましょう　209
  2)　敬語で言ってみましょう　215
  3)　適切な敬語でしょうか　221

付録2　敬語便利帳………………………………226

  1)　主な動詞の尊敬語形・謙譲語形　226
  2)　スマートな尊敬語づかい　230
  3)　「お/ご」の使い分け　231
  4)　「ご」の付く主な語、
　　　「ご——なさる」といえる主な語　233
  5)　「お/ご——する」「お/ご——いたす」
　　　といえる主な語　236
  6)　「お/ご——申し上げる」といえる
　　　主な語　239
  7)　誤りやすい敬語　240

付録1　敬語腕だめし

1) 尊敬語の形にしてみましょう

次の①〜㊳を尊敬語に直してみてください。ただし、練習のため、(1)レル敬語ではなく、より敬度の高い尊敬語が使える語については、そちらを使う〔本書§17で薦めた方法による〕、(2)レル敬語しか使えない語はレル敬語にする、(3)動詞を尊敬語にできない場合は、他の方法で尊敬語にする、(4)それもできなければ、元のままにする——という方針で、やってみてください。①〜㊳の内容は、某氏の生活ふうに並べてみました。答と解説はpp.210-214。

① 起きる
② 朝食をかきこむ
③ 朝食を五分で済ませる
④ 駅まで走って行く
⑤ 脚が速い
⑥ 電車に乗れる
⑦ 車内では座れない
⑧ ずっと立っている
⑨ 会社に滑り込む
⑩ 仕事がたまっている
⑪ 資料を取り寄せる
⑫ 企画を立てる
⑬ 根回しをする
⑭ 昼食を食べる
⑮ 会議で企画をPRする
⑯ 社内にはライバルもいる
⑰ ライバルを押えこむ
⑱ 企画を通す
⑲ 辣腕（らつわん）だ
⑳ パソコンをあやつる

㉑ 英語にも堪能(たんのう)だ
㉒ 仕事が重なる
㉓ 仕事が済む
㉔ ノルマを達成できる
㉕ 退社する
㉖ 疲れている
㉗ 例の店に行く
㉘ 気持ちよく飲める
㉙ おいしく食べられる
㉚ 帰宅する
㉛ 遠くに住んでいる
㉜ 新聞を読み始める
㉝ 肩がこっている
㉞ 疲れが残る
㉟ 空(むな)しさも感じる
㊱ 子供の寝顔を見る
㊲ リフレッシュする
㊳ 寝る

1) の答と解説

① お起きになる（ナル敬語。「起きる」が「お」の音で始まっているが、差し支えない→§61-(3)）
② 朝食をかきこまれる（レル敬語。「かきこむ」は内容的/慣習的にナル敬語にふさわしくない。また複合動詞でもある→§14、§19）
③ 朝食を五分でお済ませになる（ナル敬語。「済ませる」全体を「お——になる」の——に入れる）
④ 駅まで走っていらっしゃる（後半だけ敬語にする→§62）
⑤ 脚が(お)速くていらっしゃる（形容詞の尊敬語→

§30。「○○の脚」の○○を高める所有者敬語でもある→§23)

⑥　電車にお乗りになれる（可能表現→§19)

⑦　車内ではお座りになれない（同上。否定〔＝不可能〕の場合）

⑧　ずっと立っていらっしゃる／お立ちになっている／お立ちになっていらっしゃる／お立ちだ／お立ちでいらっしゃる（「……ている」の尊敬語→§20。「立っていらっしゃる」か「お立ちだ」が多く使われる）

⑨　会社に滑り込まれる（レル敬語。②と同様）

⑩　（お）仕事がたまっていらっしゃる（「……ていらっしゃる」は「○○の仕事」の○○を高める所有者敬語の用法→§23。「……ている」の尊敬語は、一般にはいろいろ可能だが〔→§20、上記⑧〕、この場合「たまる」に「お」は付けにくいので、「いる」のほうだけを敬語にした言い方のみ成立）

⑪　資料をお取り寄せになる（ナル敬語。複合動詞だが尊敬語にできるケース→§19)

⑫　企画をお立てになる（ナル敬語）

⑬　根回しをなさる（「する」は「なさる」に→§15、§17)

⑭　昼食を召しあがる（「お食べになる」は増えているが、規範的には問題あり→§24)

⑮　会議で企画をＰＲなさる（「する」は「なさる」に。外来語系でも使える→§15、§17)

⑯　社内にはライバルもおありになる（「ライバルもいらっしゃる」だと、「ライバル」を高めてしまう。「おありになる」なら、ライバルの持ち主、すなわちこの話の主人公を高める→§21）

⑰　ライバルを押えこむ（元のまま。内容的/慣習的にナル敬語はなじまない。複合動詞でもある。→§14、§19。レル敬語「押えこまれる」も内容的にやはり多少とも不自然な感がある）

⑱　企画をお通しになる（ナル敬語）

⑲　辣腕でいらっしゃる（「……だ」の尊敬語→§26。この場合「ご辣腕」とは言わない）

⑳　パソコンをあやつられる（レル敬語。ナル敬語「おあやつりになる」は、慣習的に言わない。レル敬語より高い敬度にしたければ、動詞を変えて「パソコンを駆使なさる」などとする）

㉑　英語にもご堪能でいらっしゃる（「……だ」の尊敬語→§26。「堪能」には「ご」が付き、「ご堪能」とよく使うので、付けたほうがよい）

㉒　お仕事が重なる（「お重なりになる」とすると「仕事」を高めることになり、おかしい。⑩と違い、「〇〇の仕事」を高める所有者敬語としては成立しない〔所有者敬語として成立するかどうかは、慣習の問題→§23〕。したがって、動詞を敬語にすることはできず、せいぜい「仕事」を「お仕事」とする方法をとるしかない）

㉓　（お）仕事がお済みになる（⑩と同様、「お済みにな

る」は「○○の仕事」の○○を高める所有者敬語として成立する)

㉔ ノルマを達成なされる(「達成できる」は「達成する」の可能表現。尊敬語としては、「達成する」の「する」を「なさる」に変え、その「なさる」を可能表現「なされる」にする→§18。「達成」は「ご」がなじまず、「ご達成になれる」は不自然)

㉕ 退社なさる(「する」は「なさる」に→§15、§17)

㉖ 疲れていらっしゃる/お疲れになっている/お疲れになっていらっしゃる/お疲れだ/お疲れでいらっしゃる(⑧と同様。「お疲れだ」が最も一般的)

㉗ 例の店にいらっしゃる/おいでになる

㉘ 気持ちよくお飲みになれる(可能表現。⑥と同様)

㉙ おいしく召しあがれる(「食べる」の尊敬語は「召しあがる」〔→上記⑭〕で、その可能表現→§19)

㉚ 帰宅なさる(「する」は「なさる」に→§15、§17。この語の場合は、「ご帰宅なさる」とも言える)

㉛ 遠くに住んでいらっしゃる/お住まいだ/お住まいでいらっしゃる(⑧㉖と同様。ただし、「お住みになって」「お住みだ」は、誤りとはいえないが、あまり使わず、「お住まいだ」をよく使う→§25)

㉜ 新聞をお読みになり始める(「……始める」の尊敬語→§19)

㉝ 肩がこっていらっしゃる(⑩と同様。「○○の肩」の○○を高める所有者敬語→§23。「……ている」の尊敬

語は、一般にはいろいろ可能だが、この場合「こる」に「お」を付けて「おこりになる」とは言いにくいので、「いる」のほうだけを敬語にする）

㉞　お疲れが残る（「お残りになる」とすると「疲れ」を高めることになり、おかしい。「○○の疲れ」の○○を高める所有者敬語としては成立しない。したがって、動詞を敬語にすることはできず、「疲れ」を「お疲れ」とする方法をとるしかない）

㉟　空しさもお感じになる（ナル敬語。「感じる」は漢語だが「ご」でなく「お」が付く例→§61-(2)）

㊱　お子さんの寝顔をごらんになる（「見る」の場合「お見になる」とは言えず、言い換えを要するケース→§14。なお、動詞を「ごらんになる」としながら「子供」をそのままにするのはアンバランス。「お子様」は丁寧すぎるにしても「お子さん」ぐらいにはすべきところ。「息子」なら「息子さん」か「坊っちゃん」、「娘」なら「お嬢様」「お嬢さん」など）

㊲　リフレッシュなさる（「する」は「なさる」に。外来語でも使える→§15、§17）

㊳　おやすみになる（「寝る」の場合「お寝になる」とは言えず、言い換えを要するケース→§14）

2) 敬語で言ってみましょう

　パーティーで初対面の二人が話す場面です。次の各文（「です・ます」以外の敬語を使わずに書いてあります）を、丁寧な敬語を使った言い方に直してみてください。二人とも、互いに、（不自然にならない限りで）できるだけ丁寧な敬語——尊敬語・謙譲語・「ございます」など——を使い合うものとします。答と解説は pp.217-221。

①鈴木　失礼ですが、〇〇産業の田中さんですか。
②田中　ええ、そうです。
③鈴木　はじめまして、私は〇〇商事の鈴木といいます。
④田中　ああ、〇〇商事の……。
⑤鈴木　〔あなたの〕名前は前から知っています。前から一度挨拶したかったのですが、会えてよかったです。
⑥田中　いえ、こちらこそ。〇〇商事さんといえば、佐藤さんとは前から縁がありました。
⑦鈴木　佐藤は隣の課の課長です。〔あなたの〕世話になっているそうで……。私は、〇〇産業の山田さんとは以前一緒に仕事をしたことがあるのですが、山田さんから田中さんの名前をよく聞いていました。
⑧田中　山田は去年退職しましたが……。
⑨鈴木　もう退職しましたか。早いものですね。
⑩田中　ええ、でも、プライベートには行き来がありましてね。

⑪鈴木　そういえば、田中さんと山田さんとは釣り仲間だと聞きました。よく一緒に行って、釣果を競うとか……。そういう行き来があるんですね。

⑫田中　そうそう、思い出しました。山田が、鈴木さんの名前をよく言っていました。鈴木さんも釣りが好きで、よく出かけるそうですね。

⑬鈴木　ええ、実は休暇をとって、よく行きます。まだ始めて三年なんですが、すっかり溺れてしまいましてね。田中さんはもう長いそうですね。大変な名人だと山田さんが言っていました。

⑭田中　いやいや、ただ長くやっているだけで。まぐれで一、二度、大きいのを釣ったのを、山田さんが買いかぶってくれましてね。

⑮鈴木　いえいえ、あの釣り自慢の山田さんが、悔しいけど田中さんにはかなわないとこぼしていましたからね。〔田中さんは〕とてもいい竿を持っているそうで、竿も腕もかなわないと……。

⑯田中　なあに、山田さんは私には、君の釣りは竿がいいだけだよなんて、よく言うんですよ。実は、今度山田さんと私とでまた釣りに行こうという話があるんですが、どうですか。よかったら、その時一緒に行きませんか。

⑰鈴木　ありがとうございます。ぜひ、おともします。いや、本当に、話せてよかったです。

⑱田中　こちらこそ、よかったです。

2) の答と解説

①鈴木　失礼ですが、○○産業の田中さんでいらっしゃいますか。(「……でございますか」は違和感あり→§26、§54)

②田中　ええ、そうです。(元のままで十分であろう。より丁寧には「さようでございます」)

③鈴木　はじめまして、私は○○商事の鈴木と申します。(→§72)

④田中　ああ、○○商事の……。(元のまま)

⑤鈴木　お名前は前から存じ上げております。(→§37)前から一度ご挨拶申し上げたかったのですが(→§41、より簡単には「ご挨拶したかったのですが」→§34)、お目にかかれて(→§31)ようございました。(→§56)

⑥田中　いえ、こちらこそ。○○商事さんといえば、佐藤さんとは前からご縁がございました。

⑦鈴木　佐藤は隣の課の課長でございます。(→§54) お世話になっておりますそうで……。(ちなみに、この「お世話になる」はナル敬語ではなく、「世話になる」という慣用的なひとまとまりの語句の「世話」に「お」が付いたもの)　私は、○○産業の山田さんとは以前ご一緒に仕事をさせていただいたことがあるのですが(この「させていただく」は、相手から好意/恩恵を得ているという趣を出すもの

で、問題ない用法→§94。なお、自分も一緒の仕事なので「お仕事」は変。「あるのですが」はこのままでよい。より丁寧には「ございますのですが」)、山田さんから田中さんのお名前をよく伺っておりました。(→§31)
⑧田中　山田は昨年(「昨年」のほうが「去年」より改まった趣)退職いたしましたが……。(身内扱いの謙譲語。相手の好意などと無関係なので「退職させていただきました」は不適切→§94)
⑨鈴木　もう退職なさいましたか。(→§15、§17)　早いものですね。(元のまま。より丁寧には、「早いものでございますね」)
⑩田中　ええ、でも、プライベートには行き来がございましてね。
⑪鈴木　そういえば、田中さんと山田さんとは釣り仲間でいらっしゃると伺いました。よくご一緒にいらっしゃって、釣果を競われるとか……。(「お競いになる」は慣習上、言わない。レル敬語による)　そういう行き来がおありなんですね/おありになるんですね。(相手方のことなので「ございます」より「おあり……」のほうがなじむ→§54)
⑫田中　そうそう、思い出しました。山田が、鈴木さんのお名前をよく申しておりました。(「申し上げて」は誤り→§36)　鈴木さんも釣りがお好きで、よくお出かけになるそうですね。

⑬鈴木　ええ、実は休暇をとって、よくまいります。(「とらせていただいて」は不適切→§66、§94)　まだ始めて三年なんですが、すっかり溺れてしまいましてね。(元のまま。とくに敬語の使いようがない)　田中さんはもうお長いそうですね。(より丁寧には「(お)長くていらっしゃるそうですね」→§30)　大変な名人でいらっしゃると(→§26)　山田さんがおっしゃっていました。(または「言っていらっしゃいました」。「おっしゃっていらっしゃいました」は誤りではないが、丁寧すぎよう。なお「おられました」は問題あり→§78)

⑭田中　いやいや、ただ長くやっておりますだけで。(より丁寧には、「いたしておりますだけで」)　まぐれで一、二度、大きいのを釣ったのを、山田さんが買いかぶってくれましてね。(もうプライベートな話になっているので、原文でも「山田」と呼び捨てにせず、「山田さん」と言っている。とはいえ、「買いかぶってくださいまして」とまで言うのは、身内を高めることになり、変。この文は敬語の使いようがない。強いていえば「釣ったのを」を「釣りましたのを」という程度)

⑮鈴木　いえいえ、あの釣り自慢の山田さんが、悔しいけど田中さんにはかなわないとこぼしていらっしゃいましたからね。(「おこぼし……」は慣習上かなり不自然なので、「……ている」の部分を「……ていら

っしゃる」にする方法だけ）〔田中さんは〕とてもいい竿をお持ちだそうで（「……ている」の尊敬語「お／ご —— だ」→§20）、竿も腕もかなわないと……。（元のまま。「おかないになる」とは慣習上言わない）
⑯田中　なあに、山田さんは私には、君の釣りは竿がいいだけだよなんて、よく言うんですよ。（元のまま。もう親しくなってプライベートな話をしているので「山田は……申します」のように謙譲語を使う必要はあるまい。一方、プライベートとはいえ、一応は身内側の人について「おっしゃる」と尊敬語を使うのも変。「言う」のままが無難）　実は、今度山田さんと私とでまた釣りに行こうという話があるんですが（元のまま。文脈から言って、「まいりましょう」「ございますんですが」とまで言う必要はない）、いかがですか。よろしかったら（「よかったら」でもよいが、相手の意向を尋ねる場合などは「よろしかったら」のほうが丁重な感じがする）、その時ご一緒にいらっしゃいませんか。（主語は「私たちは」ではなく相手〔＝<u>あなたも</u>行きませんか〕であり、尊敬語「いらっしゃいませんか」を使うべき。相手を主語として謙譲語「まいりませんか」は誤り→§45、§46）
⑰鈴木　ありがとうございます。ぜひ、おともいたします。（原文「おともします」も一種の謙譲語だが、

「いたします」のほうが丁重。また、この場合は、"相手の好意的な許しを得て"という趣で「おともさせていただきます」ともいえる)　いや、本当に、お話しできて(「お話しできる」は可能の意の謙譲語→§71)ようございました。
⑱田中　こちらこそ、ようございました。

3)　適切な敬語でしょうか

次の敬語の使い方の適否を○×で答え、×の場合は、なぜ×なのか、どう直すかを考えてください。答と解説はpp.222-225。

① 主人の叔父が、海外勤務で今スイスにいらっしゃいましてね。
② お宅様は外車が二台もおありになって、よろしいですねえ。
③ あの先生は学生を熱心にご指導されるという評判です。
④ 私も、ただいま会長が申された通りだと存じます。
⑤ 明日はずっとご自宅におられますか。
⑥ 明日、私は父の事務所に伺います。

⑦(a) まず隣の窓口で申込用紙をいただいてください。
  (b) そして、その紙にご記入してから、
  (c) こちらの窓口にお出ししてください。
⑧ [結婚式のスピーチで]
  (a) ただいま司会の方がご紹介いただいた通り、
  (b) 私は新郎の高校時代の友人でございまして、
  (c) 当時のエピソードをお話ししたいと存じ上げます。
⑨ [セールスマンが客に、同業他社との違いを宣伝する]
  (a) ○○社さんは最近××の開発をお進めになっていますが、
  (b) 私どもは別の形でお客様のニーズにお応えしようと、
  (c) この新製品を販売させていただきました。
⑩ [同窓会で、参加者の一人が幹事の田中に]
  (a) 先生もおいでくださったのでいい会になりましたね。
  (b) 田中さんが先生をご招待してくださったんですか。

3) の答と解説

① ×　身内を高める誤用。（→ §28、§66）「いらっしゃいましてね」を「おりましてね」か「いましてね」に改める。「おりましてね」のほうが丁重。

② ○ 「外車」を高めるのでおかしいと思う向きもあるかもしれないが、実はこの文の主語は「お宅様」で、「おありになる」が「お宅様」を高める正しい用法。(→§23)

③ × 「ご──される」は、規範的には正しい敬語とされていない。「ご指導なさる」「指導なさる」「指導される」などに改める。ただし、「ご──される」は最近増えていて、やがては市民権を得る時が来るであろう。(→§86)

④ △ 「申される」は規範的には正しくないとされてきた。「言われた」か「おっしゃった」に改める。ただし、歴史的な観点からは、「申される」を擁護する余地もあり、学者の間でも意見が分かれてきた。実際には、古めかしさもあり、使用は減っている。(→§77) なお、「存じます」は問題ない。

⑤ △ 「おられる」は規範的には正しいとはいえない。歴史的にも、擁護の余地はない。「いらっしゃいますか」か「おいでになりますか」か「ご在宅ですか」に改める。ただし、「おられる」を可とする意識の人のほうがすでに多くなっている。(→§78)

⑥ × 「伺う」は訪ねる先を高める謙譲語Ⅰなので、「父(の事務所)」を高めることになり、誤り。「まいります」に改める。「まいる」なら謙譲語Ⅱで、行先を高める働きはなく、聞手に対して丁重に述べるだけなので、使える。(→§38)

⑦(a) ×　謙譲語「いただく」を相手を主語として使っている。(→§46)「お受け取りください」と改める。

(b) ×　「お/ご――する」は謙譲語の形なので、相手を主語として尊敬語のように使うのは誤り。(→§46、§88)「(ご)記入なさって」か「ご記入になって」とする。

(c) ×　「お/ご――してください」は、やはり相手を主語として謙譲語形「お/ご――する」を使うことになるので、一般に誤り。「して」を除き「お出しください」と言えばよい。(→§46)

⑧(a) ×　「いただく」と助詞の組み合わせの誤り。「司会の方<u>に</u>ご紹介<u>いただいた</u>」か「司会の方<u>が</u>ご紹介<u>くださった</u>」。(→§70)

(b) ○　丁寧語「ございます」の使い方として問題ない。

(c) ×　ここは「思う」意の謙譲語なので「存じます」とする。「存じる」は「知る・思う」両義で使うのに対し、「存じ上げる」のほうは一般に「知る」意で使う(「存じ上げる」を「思う」意で使う場合も、限られた場合にはあるが、ここはそれに該当しない)。なお、「知る」意の場合も「存じ上げる」と「存じる」とは用法が違うので注意を要する。(→§37)

⑨(a) ×　客に対して同業者を高めるのは不適切。(→

§69)「開発を進めていますが」とする。

(b) ○　謙譲語「お/ご──する」の用法として問題ない。謙譲語Ⅰで「お客様（のニーズ）」を高める。（→§33）

(c) ×　「させていただく」の過剰使用。（→§94）「販売いたしました」とする。

⑩(a) ○　「おいでくださる」は「来てくれる」の尊敬語として正しい（「来て→おいでになって」「くれる→くださる」を合わせて「おいでになってくださる」、その縮約形）。（→§22）

(b) ○　謙譲語Ⅰ「ご招待する」で「先生」を高め（「先生」に比べれば「田中さん」を低く位置づける）、尊敬語「くださる」で「田中さん」を高め、結局二人への敬語となる〈二方面敬語〉として、正しい。話手と「田中さん」がともに「先生」の教え子であるような場合は、このように「田中さん」を主語として謙譲語Ⅰ「ご招待する」を使っても構わない。（→§47）〔ただし、この「お/ご──してくださる」は、こうした〈二方面敬語〉としてのみよいのであって、単なる尊敬語（「田中さん」を高めるだけの敬語）として使っているとすれば、誤り。（→§46）〕

付録2　敬語便利帳

0) 敬語の種類　→　本文§57（pp.116-117）

1) 主な動詞の尊敬語形・謙譲語形

　尊敬語や謙譲語に特別な語形を使う主なものについて、まとめた。一般的な作り方による語形も使われる場合は、その語形も掲げた。ただし、尊敬語のうちレル敬語は除いてある。

	尊敬語	謙譲語 I	謙譲語 II
会う	お会いになる	お目にかかる お会いする	
あげる （注1）	おあげになる （注1）	さしあげる	
言う	おっしゃる	申し上げる	申す
行く	いらっしゃる おいでになる	伺う　（注2） お伺いする 　　　（注3）	まいる

付録2　敬語便利帳　227

	尊敬語	謙譲語Ⅰ	謙譲語Ⅱ
いる	いらっしゃる おいでになる		おる
思う	お思いになる		存じる
借りる	お借りになる	拝借する お借りする	
聞く	お聞きになる	伺う お伺いする 　　（注3） お聞きする	
気に入る	お気に召す		
着る	お召しになる		
来る	いらっしゃる おいでになる 見える 　（敬度軽い） お見えになる	伺う　（注2） お伺いする 　　（注3）	まいる
くれる	くださる		
死ぬ	おなくなりになる		
知る	ご存じ （知っている意）	存じ上げる	存じる
住む	お住まいになる （お住みになる）		

	尊敬語	謙譲語 I	謙譲語 II
する	なさる		いたす
尋ねる	お尋ねになる	伺う お伺いする（注3） お尋ねする	
訪ねる	お訪ねになる	伺う お伺いする（注3） お訪ねする	
食べる	召しあがる お召しあがりになる（注4）		いただく
飲む	お飲みになる 召しあがる お召しあがりになる（注4）		いただく
（風邪を）ひく	お召しになる おひきになる		
見せる	お見せになる	お見せする お目にかける ごらんに入れる	
見る	ごらんになる	拝見する	

	尊敬語	謙譲語Ⅰ	謙譲語Ⅱ
もらう	おもらいになる（注5）	いただく	
やる（する意）	なさる		いたす
やる（与える意）	おやりになる（注6）	さしあげる	
読む	お読みになる	拝読する	

(注1)「あげる」自体、本来は謙譲語Ⅰだが、近年は美化語化の傾向を強めている。「おあげになる」は、たとえば「(あなたは)母の日に、お母様に何をおあげになりますか」などと使う。

(注2)厳密には、「伺う」は「行く」「来る」の謙譲語Ⅰというより、「訪ねる」意の謙譲語Ⅰというべきもの。

(注3)「伺う」自体が謙譲語Ⅰなので、二重敬語だが、定着していて誤りではない。敬度がさらに高くなる。

(注4)「召しあがる」自体が尊敬語なので、二重敬語だが、定着していて誤りではない。敬度がさらに高くなる。

(注5)たとえば「先生は女子学生からチョコレートをおもらいになった」などと使う。

(注6)たとえば「奥様は毎朝花に水をおやりになる」などと使う。

2) スマートな尊敬語づかい
――簡単で、敬度も十分で、失敗のない使い方

> ① 「――する」型の動詞→「――なさる」
>   （例）旅行なさる、運転なさる、
>   　　　ドライブなさる、のんびりなさる
>   （「する→なさる」と変える）
>
> ② その他の動詞→「お――になる」
>   （例）お乗りになる、お出かけになる

＊①については、「ご」を付けられる語の場合に限って、「ご――なさる」としてもよい。上例中では、「旅行」の場合だけ、「ご旅行なさる」ともできる。ただし、むしろ「――する」型動詞の場合は一律に「ご」を付けずに「――なさる」とするほうが簡便で失敗もない（→§17）。

「ご」の付く語については、pp.233-235のリストを参照。

＊②については、「お ―― になる」が使えない場合に注意（→§14、§19）。

言い換え形については、pp.226-229の表の各形を覚える。

3)「お/ご」の使い分け

A.「お＋和語（訓読みの語）、ご＋漢語（音読みの語）」が原則（→§61-(2)）

例．おところ・ご住所、お知らせ・ご通知、
　　お招き・ご招待、おゆるし・ご許可
〈誤用例〉×お卒業 → ○ご卒業
　　　　×お旅行 → ○ご旅行

なお、「ご」が付く漢語の例はpp.233-235に多数示す。

B.「お＋漢語系の語（音読みの語）」の主な例

音読みの語には上記の通り一般的には「ご」が付くが、「お」が付くものもかなりある。主な例を五十音順に掲げておく。

とくに美化語（→§52）は音読みでも「お」が付きやすく、以下も多くは美化語の類である（一部の人が使う程度のものも含めて掲げる）。尊敬語や謙譲語Ⅰの場合は、（　　）内にその旨記した。

お愛想、お会計、お覚悟（尊敬語）、お加減（尊敬語）、お菓子、お燗、お感じになる（尊敬語）、お勘定、お客、お灸、お給料、お経、お行儀、お綺麗（尊敬語）、お稽古、お化粧、お元気（尊敬語）、お香典、お炬燵、お裁縫、お札、お察し（「お察しの通り／お察しくださる」など尊敬語として、また「お察しする／お察し申し上げる」など謙譲語Ⅰとして使う）、お砂糖、

お作法、お産、お散歩（尊敬語としても使う）、お時間（尊敬語）、お式（尊敬語）、お辞儀、お支度（尊敬語）、お酌、お写真（尊敬語）、お邪魔（「お邪魔でなければ／お邪魔する」など謙譲語Ⅰとして使う）、お習字、お正月、お焼香、お上手（尊敬語）、お相伴する（謙譲語Ⅰ）、お上品（尊敬語）、お醬油、お食事（尊敬語としても使う）、お信じになる（尊敬語）、お歳暮、お席（尊敬語）、お節（-料理）、お説教、お節句、お膳、お線香、お洗濯、お餞別、お雑巾、お惣菜、お掃除、お葬式、お雑炊、お代、お大根、お大事（尊敬語）、お大切（尊敬語）、お宅（尊敬語）、お駄賃、お誕生（尊敬語。「ご誕生」もあり）、お茶、お茶碗、お中元、お銚子、お天気、お電話（尊敬語・謙譲語Ⅰとしても使う）、お得意（「……が得意だ」の意の尊敬語、「得意先」の意の美化語）、お肉、お年賀、お彼岸、お勉強、お返事（「お返事」は美化語、「ご返事」は尊敬語・謙譲語Ⅰとして使う傾向）、お弁当、お帽子（尊敬語）、お盆（物を載せる器と、"盆と正月"の盆の二義）、お面、お役（「お役に立つ」は謙譲語Ⅰの用法）、お役所、お約束（尊敬語・謙譲語Ⅰとしても使う）、お野菜、お夜食（尊敬語として使うのが普通）、お楽（尊敬語）、お利口、お料理、お留守（尊敬語）、お礼（尊敬語・謙譲語Ⅰとしても使う）、お椀。

なお、「おソース・おビール」（美化語）、「お煙草」（尊敬語）のように、「お＋外来語」の例も稀ながらある。

4)「ご」の付く主な語、
　　「ご——なさる」といえる主な語

　「お/ご」が付くかどうかは慣習による。「お」の付く語は多数にのぼり、個人差もあるので掲載を省略し、「ご」の付く主な語を五十音順に掲げる。

　下線の語は、名詞「ご——」の形だけでなく、動詞として「ご——なさる」の形で（語によっては「ご——になる」「ご——くださる」「ご——いただく」などの形でも）使うこともできるもの。

　＊印の語は、「ご」を付けて使うのが普通のもの。

<u>挨拶</u>（あいさつ）、<u>愛用</u>、安産、<u>安心</u>、<u>案内</u>、異議、<u>意見</u>、意向、遺族、異存、<u>一任</u>、一緒（美化語的）、<u>移転</u>、<u>依頼</u>、印象、<u>英断</u>、栄転、縁、<u>援助</u>、遠方、<u>遠慮</u>、<u>応募</u>、恩、<u>回答</u>、<u>回復</u>、<u>確認</u>、家族、<u>活躍</u>、家庭、<u>勘案</u>、環境、<u>関係</u>、関心、感想、<u>歓談</u>、<u>勘弁</u>（「ご勘弁ください」の形で使うのが普通）、<u>記憶</u>、機嫌、<u>期待</u>（「ご期待にそえず」などと使う）、<u>帰宅</u>、<u>記入</u>、<u>寄付</u>、気分、<u>希望</u>、<u>休憩</u>、<u>協議</u>、<u>教示</u>、業績、兄弟、<u>協力</u>、<u>許可</u>、<u>起立</u>、近所（近所の人への敬語や美化語としても、「Ｘさんの近所」の「Ｘさん」への敬語としても使う）、近隣（「近所」と同じ）、<u>苦労</u>、<u>計画</u>、<u>経験</u>、＊<u>恵贈</u>（「ご恵贈くださる/いただく」と使うのが普通）、<u>継続</u>、<u>契約</u>、経歴、<u>決意</u>、<u>結婚</u>、<u>決心</u>、<u>欠席</u>、<u>決断</u>、<u>決定</u>、<u>懸念</u>、見解、<u>研究</u>、健康、＊<u>賢察</u>（「ご賢察くださる/いただく」と使うのが普通）、見識、健勝、<u>謙遜</u>（けんそん）、<u>検討</u>、健闘、好意、厚意、<u>講演</u>、＊<u>高恩</u>（こうぎ）、<u>講義</u>、厚誼、

貢献、＊高察（「ご高察くださる/いただく」と使うのが普通）、厚情、功績、＊高説、＊高著、購入、＊高配（「ご高配くださる/いただく」などと使う）、好評、＊高評、＊高名、＊高覧（「ご高覧くださる/いただく」と使うのが普通）、婚約、在学、在職（以上二語、「ご～（中）だ/です」の形で多く使う）、採用、作成、参加、参考、散財、参照、賛成、賛同、＊自愛（「ご自愛ください」と手紙で使う）、持参（本来は「参」の字に謙譲語性があるはずだが、「ご持参ください」などと尊敬語として使われる場合もある。誤りともいえまいが、「お持ちください」のほうが無難か）、指示、事情、自身、子息（さらに敬意の高い形は「ご令息」）、実家、叱正(しっせい)、執筆、質問、指定、指摘、指導、自分、指名、自由、祝儀（美化語の色彩が強い）、住所、就職、就任、授業、趣旨、出勤、出産、出身、出世、出席、出張、出発、出版、趣味、準備、使用、紹介、照会、生涯、乗車、昇進、消息、招待、承諾、冗談、承知（「承」の字に謙譲語性も感じられるが、「ご承知」と尊敬語として使われる場合もある）、昇任、承認、商売、丈夫、性分、賞味、唱和、職業、助言、署名、進学、審議、進言、新婚、親戚(しんせき)、親切、親族、新築、心配、辛抱、信頼、尽力、心労、推薦、＊清栄（「ますますご清栄のことと……」と手紙で使う）、性格、生活、請求、逝去、成功、＊清祥（「清栄」と同様）、成長、静養、説明、専攻、先祖、専門、相談、＊足労（「ご足労くださる/いただく」と使うのが普通）、卒業、＊尊顔、＊尊家、＊尊父、＊尊名、退院、体験、退職、退任、多幸、多忙、誕生、担当、堪能(たんのう)、着席、着任、注意、忠告、注目、注文、著書、通学、通勤、通知、都合、提案、丁寧、転居、転勤、転職、転宅、転任、同慶（「ご同慶の至り」という決まり文句で使う。相手と同じ慶びをもつ意で、文法的には謙譲語と見るべきか）、同情、当選、到着、努力、入院、

入学、入社、入用、認識、熱意、熱心、年賀、年始（以上二語、美化語の色彩が強い）、年輩、年齢、配慮（さらに敬度の高い形は「ご高配」）、＊破算（→§53）、発言、発展、発表、繁栄、繁盛、判断、贔屓(ひいき)、批判、批評（さらに敬度の高い形は「ご高評」）、病気、病状、評判、夫婦、不幸、夫妻、不在、＊無沙汰（「ご無沙汰申し上げる（いたす・する）」の形で使うのが普通）、無事、不自由（動詞としては「ご不自由なさる」の形で使う）、不審、婦人、負担、不便、不満、無礼（「ご無礼申し上げる（いたす・する）」の形で使う）、返済、返事、鞭撻(べんたつ)、便利、返礼、報告、＊芳志、放念（「ご放念ください」と使うのが普通）、褒美、＊芳名、訪問、＊母堂、本意、本人、満悦、満足、身分、名字、無理、明察、名答、冥福(めいふく)、命令、迷惑、面会、面識、面倒、用、用意、用件、用事、容赦（「ご容赦ください」の形で使うのが普通）、用心、様子、容態、要望、用命、予算、予定、予約、来駕(らいが)、来場、来店、来賓、来臨、理解、立派、立腹、留学、利用、了解、了承、両親、療養、旅行、履歴、臨終、臨席、＊令兄、＊令室、＊令嬢、＊令息、＊令弟、＊令妹、列席、連絡、労作、老人、論議、論文。

5)「お/ご——する」「お/ご——いたす」といえる主な語

(「お/ご——する」の形で掲げるが、「お/ご——いたす」の形でも使える)

[「……を」を高める]

お諫めする・お祝いする(「XのYを祝う」のXを高める。美化語用法も)・お送りする(人を送り届ける/見送る)・お起こしする・お探しする(人を)・お支えする・お誘いする・お察しする・お騒がせする・お慕いする・お邪魔する(多く「Xのお邪魔をする」と使う)・お世話する(「Xのお世話をする」とも)・お育てする・お助けする・お訪ねする・お頼りする(「…に」を高める場合も)・お使い立てする・お連れする(高める相手を「連れる」はやや不自然だが使われる)・お手伝いする(「Xのお手伝いをする」とも。美化語用法も)・お通しする・お泊めする・お撮りする(「Xを(写真に)お撮りする」とも、「Xの(お)写真をお撮りする」とも)・お慰めする・お乗せする・お引きとめする・お待たせする・お待ちする・お招きする・お守りする・お見受けする(「お若くお見受けする」など。補って表現すれば「…を」にあたる人物を高めるといえよう)・お見送りする・お見かけする・お見舞いする・おもてなしする・お呼びする・お呼び立てする・おわずらわせする・ご案じする・ご案内する(「…に」を高める場合も)・ご指導する(たとえば趣味などに関して目上を指導する場合。「…に」を高める場合も)・ご招待する・ご心配する・ご信頼する・ご訪問する

[「……に」を高める]

お会いする（「お目にかかる」のほうが好まれるが、「お会いする」も可）・お祈りする（神仏に。美化語用法も）・お売りする・お送りする・お教えする（「ご子息をお教えした」のように「…を」を高める場合も）・お返しする・(お手数／ご心配／ご負担／ご迷惑／ご面倒を) おかけする・お貸しする・お聞かせする・お配りする・お答えする・おことわりする（「XのYをことわる」のXを高める用法も）・お相伴する・お知らせする・おすがりする・お勧めする・お尋ねする・お頼みする・お仕えする・(ビールなどを) お注ぎする・お伝えする・お電話する・お届けする・おともする（「…におともする」とも「…のおともをする」とも）・お願いする・お話しする・お任せする・お見せする（「お目にかける・ごらんに入れる」も使うが、「お見せする」も可）・お約束する（「…と」を高める場合も）・お寄りする（「Xのお宅／ところに」のXを高める）・お礼する・お預けする・お渡しする・おわびする・ご挨拶する・ご一任する・ご協力する・ご質問する・ご指摘する・ご紹介する（「先生に家内をご紹介した」は可だが「家内に先生をご紹介した」は不可。「…を」ではなく「…に」を高める。→§33)・ご助言する・ご進言する・ご推薦する（「…を」を高める場合も。→§33)・ご請求する・ご説明する・ご相談する（「…と」を高める場合も）・ご注意する（高めるべき相手に「注意する」はやや不自然だが、時に使う）・ご忠告する・ご通知する・ご提案する・ご無沙汰する・ご無礼する（「無礼する」とは言わないが、「ご無礼する」は言う）・ご返事する・ご報告する・ご用立てする・ご連絡する

[「……から」を高める]

お預かりする・おいとまする・お受けする(「XのYを受ける」のXを高める用法も)・お受け取りする・お借りする・お習いする

[「……と」を高める]

お別れする(美化語的用法も)・ご一緒する(美化語的用法も。「一緒する」とは言わないが「ご一緒する」は言う)・ご契約する

[「……のために」を高める]

お開(あ)けする・お祈りする・お書きする・お探しする・お調べする・お出しする(取り出す/郵便を出す)・お作りする・お取りする(物を/食事を)・お取り寄せする・お直しする・お払いする・お引き受けする・お持ちする・お読みする・ご用意する

[「……について」を高める]

お噂(うわさ)する(「Xのお噂をする」とも)・お聞きする(「…から」を高める場合も)

この他、「……に伺う」(訪ねる・尋ねる意)・「……について/……から伺う」(聞く意)の「伺う」は、これ自体が謙譲語Ⅰだが、謙譲語Ⅰの一般形「お/ご——する」の——のところに「伺う」を入れて「お伺いする」と言うこともできる(二重敬語だが、誤りではないケース)。

6)「お/ご──申し上げる」といえる主な語

(「お/ご──」の部分のみ掲げる)
お祈り・お祝い・お悔やみ・お答え・お察し・お知らせ・お尋ね・お伝え・お電話・お届け・お願い・お話し・お招き・お見舞い・お慶び(よろこび)・お礼(御礼)(おんれい)・おわび

ご挨拶・ご案じ・ご案内・ご依頼・ご援助・ご遠慮・ご回答・ご期待・ご協力・ご質問・ご指定・ご指摘・ご指導・ご指名・ご紹介・ご照会・ご招待・ご助言・ご心配・ご信頼・ご推薦・ご請求・ご説明・ご相談・ご注意・ご忠告・ご通知・ご提案・ご同情・ご返事・ご報告・ご無沙汰・ご無礼・ご了承・ご連絡

「お」の場合は、「お/ご──する」が作れる語の範囲に比べて、かなり狭い(ただし「お悔やみ」は「申し上げる」のほうがなじむ)。

一方、「ご」の場合は、「ご依頼・ご助言・ご注意・ご同情・ご了承」など、「ご──する(いたす)」より「ご──申し上げる」のほうが落ち着く語もある(本来、同等以下の相手に使う意の語を目上に使うため「申し上げる」を添えてカバーする必要のあるものなど)。

なお、漢語の熟語に「ご」を付けずに、「挨拶申し上げる」のように言う人もいるが(敬度は多少軽いが機能は同じ)、やや落ち着きが悪い感がある。ただし、「感謝申し上げる」「尊敬申し上げる」「失礼申し上げる」など、「ご」の付かない形でのみ使う語もある。

7) 誤りやすい敬語

- 「お/ご——する」を尊敬語として使うのは、誤り（§88）

  → 尊敬語なら、前記2）による（p.230）。

- 「お/ご——される」も増えてきているが、規範的には正しいと認められていない（§86）

  → 同上。

- 「お/ご——してくださる（ください）」および「お/ご——していただく」は、一般に誤り（§46、§42）

  → 「して」を取り払って、「お/ご——くださる（ください）」「お/ご——いただく」とする。

- 「〇〇は(が) { ……て いただく / お/ご——いただく } 」は、誤り（§70）

  〈〇〇＝高めるべき人物〉

  → 「〇〇に { ……て いただく / お/ご——いただく } 」か

  「〇〇は(が) { ……て <u>くださる</u> / お/ご—— <u>くださる</u> } 」とする。

敬語ミニ辞典

〈注〉本辞典中のⅠ人称・Ⅱ人称・Ⅲ人称は、いずれも
　　敬語的人称（→§11）

あおぐ（仰ぐ） 「（ご）指示を仰ぐ」「（ご）判断を仰ぐ」などの形で、謙譲語Ⅰ「いただく」に近い使い方をする。指示などの与え手〈Ⅱ・Ⅲ人称〉を高め、受け手＝主語〈普通はⅠ人称〉を低く位置づける。「私一人では判断しかねますので、社長のご指示を仰ぎたいと存じまして……」〔部外者を聞手として「これについては、私の一存では……。上司の指示を仰がないと……」などと使うのは、誤りともいいきれない（「いただかないと……」なら身内を高める誤り）。この点、純粋な謙譲語Ⅰとは少し違う〕

あがる（上がる） ①「食べる・飲む」意の尊敬語。「召しあがる」を簡単に述べた形にあたる。主語〈Ⅱ・Ⅲ人称〉を高める。「遠慮なさらずに、もっとあがってください」 ②「訪ねる」意の謙譲語Ⅰ。訪ね先〈Ⅱ・Ⅲ人称〉を高め、主語〈普通はⅠ人称〉を低く位置づける。「それでは、明日のお昼にお宅にあがります」

あげる（上げる） ①本来は、「贈る・与える」意の謙譲語Ⅰ。「さしあげる」の軽い形で、贈り先〈Ⅱ・Ⅲ人称〉を高め、主語〈普通はⅠ人称〉を低く位置づける。「クラス一同で、先生に花をあげた」 ②近年は、①にとどまらず、「贈る・与える」意の美化語として広く使われる傾向を強めている。「ポチにご飯をあげた」 ただし、こうした美化語としての使い方をどの程度するか／認めるかには、個人差がある。 →§87

……てあげる ①「……てやる」意の謙譲語Ⅰ。「……てさしあげる」の軽い形で、恩恵の受け手〈Ⅱ・Ⅲ人称〉を高め、主語〈普通はⅠ人称〉を低く位置づける。「先生を案内してあげた」 ②「……てやる」意の美化語。「ポチを散歩に連れて行ってあげた」 上記の「（物を）あげる」と同様、②の美化語化の傾向が強まっている。 →§87

あちら　①「あそこ」の意の丁寧語的な表現。「控室はあちらにございます」　②「あれ」の意の丁寧語的な表現。「あちらは男性用、こちらが女性用でございます」　③（「あちらの」で）「あの」の丁寧語的な表現。「あちらのお品」　④「あの人（たち）／彼（ら）／彼女（ら）」にあたる意の尊敬語的な表現。「あの方（方々）」とほぼ同じ。眼に見える範囲にいる人を指す場合と、眼前にはいないが文脈に登場した第三者を指す場合がある。「あちらが○○社長です」「あちらも、そのお話に積極的でしたよ」　→「こちら」「そちら」

あちらさま（あちら様）　第三者を指す尊敬語。「あちら」④より、さらに敬度が高い。「あちら様も大変お喜びで……」

いかが（如何）　「どう」の改まり語。「こちらはいかがでしょう」

いかばかり　「どれぐらい」の改まり語。「いかばかりお心をお傷めでしょう」

いかほど　①「どれぐらい」の改まり語。「いかほど努力いたしましても、かないません」　②「いくら（値段）」の改まり語。「いかほどですか」

いたす（致す）・──いたす（──致す）　「する」「──する」の謙譲語Ⅱ。主語〈Ⅰ人称〉を低め、聞手に丁重に述べる。原則として「ます」を付けて使う。「来週、中国へ出張いたします」　時には、主語を低める性質を失って、単に聞手に丁重に述べるだけの用法で用いられる（丁重語）。「低気圧が通過いたします」　ただし、この場合も、主語は〈高める必要のないⅢ人称〉でなければならず、Ⅱ人称者や、然るべきⅢ人称者では不可。×「昨日あなたが（先生が）提案いたしました通り……」「──する」型の動詞（サ変動詞）はすべて、「する」を「いたす」に変えることで、この形にすることができる。「お／ご」の付く「お／ご──いたす」とは、機

能が異なる。 →§35、§40、§45

いただく（頂く）　①「もらう」意の謙譲語Ⅰ。与えてくれる側〈Ⅱ・Ⅲ人称〉を高め、主語＝受け取る側〈普通はⅠ人称〉を低く位置づける。「私は先生から資料をいただいた」Ⅱ人称者や高めるべきⅢ人称者を主語として尊敬語／美化語のように使うのは、誤り。（相手が「これ、いただきものなんです」と言ったのに対して）×「どなたからいただいたのですか」また、与えてくれる側が身内であっては不可。×「母からいただいた」　→§42　②「食べる・飲む」意の謙譲語Ⅱ。主語〈Ⅰ人称〉を低め、聞手に丁重に述べる。原則として「ます」を付けて使う。「私はもう80歳になりますが、お蔭様で何でもおいしくいただけます」Ⅱ人称者や高めるべきⅢ人称者を主語として尊敬語／美化語のように使うのは、誤り。（レストランで、相手の希望を問う場合）×「何をいただきますか」Ⅰ・Ⅱ人称者を一緒にして「では、いただきましょう」などと言うのは、本来はおかしいが、すでに許容範囲か。

……ていただく　「……てもらう」の謙譲語Ⅰ。恩恵を与えてくれる側〈Ⅱ・Ⅲ人称〉を高め、主語＝恩恵を受ける側〈普通はⅠ人称〉を低く位置づける。「(私は)先生に指導していただいた」この場合、「(私は)先生に指導してもらった」の謙譲語Ⅰだから、「先生」の後の助詞は「に」でなければならない。×「先生が指導していただいた」Ⅱ人称者や高めるべきⅢ人称者を主語（恩恵の受け手）として尊敬語／美化語のように使うのは、誤り。×「隣の窓口で説明していただいてください」また、恩恵の与え手が身内であっては不可。×「伯父に教えていただいた」　→§42、§70

いらっしゃる　①「いる」・②「行く」・③「来る」意の尊敬

語。主語〈Ⅱ・Ⅲ人称〉を高める。「明日はご自宅にいらっしゃいますか」（①いる意）・「どちらへいらっしゃいますか」（②行く意）・「どちらからいらっしゃいましたか」（③来る意）　類語に「おいでになる」がある。→§21

……くていらっしゃる　形容詞「……い」の尊敬語。主語〈Ⅱ・Ⅲ人称〉を高める。「あちらの坊っちゃまはとても（お）優しくていらっしゃる」→§21、§30

……ていらっしゃる　①「……ている」・②「……ていく」・③「……てくる」意の尊敬語。主語〈Ⅱ・Ⅲ人称〉を高める。「先生は○○の研究をしていらっしゃる」（①……ている意）・「初めは戸惑われたようですが、だんだん慣れていらっしゃったそうです」（②……ていく意・③……てくる意）→§21

……でいらっしゃる　「……だ」の尊敬語。主語〈Ⅱ・Ⅲ人称〉を高める。「あちらのお嬢様はとても活発でいらっしゃる」→§26

うかがう（伺う）　①「聞く」・②「尋ねる」・③「訪ねる」意の謙譲語Ⅰ。「……の話を（……から/……について）聞く」「……に尋ねる」「……を訪ねる」の……にあたる人物〈Ⅱ・Ⅲ人称〉を高め、主語〈普通はⅠ人称〉を低く位置づける。「私は先生からそのお話を伺った」（①聞く意。情報源を高める）・「先生のご近況を伺った」（同。話題を高める）・「ちょっと伺いますが」（②尋ねる意）・「これから伺ってよろしいでしょうか」（③訪ねる意）　Ⅱ人称者や高めるべきⅢ人称者を主語として尊敬語のように使うのは、誤り。×「隣の窓口で伺ってください」　また、……の人物が身内であっては不可。×「兄に伺ったところ、同じ意見でした」「お伺いする（いたす・申し上げる）」は二重敬語だが、慣用として定着していて、問題ない。→§38

うけたまわる（承る）　①「聞く」・②「(命令・依頼・役割などを）引き受ける/承諾する」意の謙譲語Ⅰ。「……の話を（……から/……について）聞く」「……の命令・依頼等を引き受ける」の……にあたる人物〈Ⅱ・Ⅲ人称〉を高め、主語〈普通はⅠ人称〉を低く位置づける。「ご意見を承りたい」（①聞く意。情報源を高める）・「ご栄転の由承りました。衷心よりお慶び申し上げます」（同。話題を高める）・「地方発送承ります」（②引き受ける意）

お〜　→お/ご〜

おいでになる（お出でになる）　①「いる」・②「行く」・③「来る」意の尊敬語。主語〈Ⅱ・Ⅲ人称〉を高める。「明日はご自宅においでになりますか」（①いる意）・「どちらへおいでになりますか」（②行く意）・「どちらからおいでになりましたか」（③来る意）「いらっしゃる」と同じように使う。「……ていらっしゃる」と同じように「……ておいでになる」「……ておいでだ（です）」の形も使うことがある。「先生は○○の研究をしておいでになる」　なお、「おいで」の「いで」は古語の動詞「出づ」（現代語「出る」にあたる）。したがって、漢字では「お出でになる」と書く（ただし、常用漢字表の音訓欄にはない使い方）。　→§12

　おいでいただく（お出で頂く）　「いてもらう/行ってもらう/来てもらう」の謙譲語Ⅰ。いる(行く・来る)人〈Ⅱ・Ⅲ人称〉を高め、いてもらう（行ってもらう・来てもらう）側の人〈普通はⅠ人称〉を低く位置づける。「ぜひ先生においでいただきたい」

　おいでくださる（お出で下さる）　「いてくれる/行ってくれる/来てくれる」の尊敬語。主語〈Ⅱ・Ⅲ人称〉を高める。「先生がおいでくださると心強い」

おおせ（仰せ）　「言うこと・命令」の意の尊敬語。古語「仰

す」(動詞)の名詞形。名詞「仰せ」として使うほか、「仰せになる」「仰せられる」「仰せつける」などと、今日でもたまに使うことがあるが、大げさな感じがする。「仰せの通りでございます」「何なりとお仰せつけください」 むしろ茶化して使うことがある。「社長の仰せだから、嫌とは言えない」

おかぜをめす(お風邪を召す) →めす(召す)

おきにめす(お気に召す) →めす(召す)

お/ご―― 種々の語に冠して、尊敬語・謙譲語Ⅰ・丁寧語・美化語などを作る。それぞれの例を含む、さらに詳しい解説は本文に示した。 →§61

　「お」「ご」の使い分けは、「おところ」「お使いになる」のように「お+和語(訓読みする語)」、「ご住所」「ご利用になる」のように「ご+漢語(音読みする語)」が原則だが、例外もある。 →§61-(2)、付録pp.231-235

お/ご――いたす(お/ご――致す) 謙譲語Ⅰと謙譲語Ⅱの性質をあわせもつ形(謙譲語ⅠⅡ)。「…を・…に・…から・…のために」などにあたる人物〈Ⅱ・Ⅲ人称〉を高め、主語〈Ⅰ人称〉を低め、聞手に丁重に述べる。原則として「ます」を付けて使う。「私が先生をご案内いたしました」「そのお荷物、お持ちいたしましょう」 Ⅱ人称者やⅢ人称者を主語として尊敬語のように使うのは、誤り。×「お支払いは、カードをご利用いたしますか」(○:ご利用になりますか、(ご)利用なさいますか) また、「…を・…に・…から・…のために」などにあたる人物が身内であっては不可。×「私が父をご案内いたしました」(○:案内いたしました) 「お/ご」の付かない「――いたす」とは、機能も、また、どのような語について作れるかという守備範囲も異なる。 →§39、§40、付録pp.236-238

お/ご――いただく(お/ご――頂く) 「……てもらう」意の

謙譲語Ⅰ。「……ていただく」よりさらに敬度が高いが、性質は、基本的に同じ。恩恵を与えてくれる側〈Ⅱ・Ⅲ人称〉を高め、主語＝恩恵を受ける側〈普通はⅠ人称〉を低く位置づける。「(私は) 先生にご指導いただいた」 この場合、「(私は) 先生に指導してもらった」の謙譲語Ⅰだから、「先生」の後の助詞は「に」でなければならない。×「先生がご指導いただいた」 Ⅱ人称者や高めるべきⅢ人称者を主語 (恩恵の受け手) として尊敬語/美化語のように使うのは、誤り。×「隣の窓口でご説明いただいてください」 また、恩恵の与え手が身内であっては不可。×「伯父にお教えいただいた」 以上は「……ていただく」の注意事項と同じだが、このほか、「……ていただく」とは言えても「お/ご —— いただく」とは言えない語があるので、注意を要する (ナル敬語「お/ご —— になる」が作れない場合は「お/ご —— いただく」もいえない。たとえば、×「ご運転いただく」。厳密には、「お/ご —— いただく」の「お/ご ——」の部分は尊敬語と見るべきもの)。なお、「お/ご —— していただく」については、その項参照。 →§42、§70

お/ご —— くださる (お/ご —— 下さる)「……てくれる」意の尊敬語。「……てくださる」よりさらに敬度が高いが、性質は、基本的に同じ。恩恵の与え手＝主語〈Ⅱ・Ⅲ人称〉を高める。「先生がご指導くださった」。恩恵の与え手 (主語) が身内であっては不可。×「祖父がお教えくださった」 以上は「……てくださる」と同じだが、このほか、「……てくださる」とは言えても「お/ご —— くださる」とは言えない語があるので、注意を要する (ナル敬語「お/ご —— になる」が作れない場合は「お/ご —— くださる」もいえない。たとえば、×「ご運転くださる」)。また、「お/ご —— してくださる」については、その項参照。 →§22

お/ご──される　「ご出席される」「お答えされる」のように尊敬語として使われることが増えつつあり、やがては定着していく可能性が強いが、規範的には、正しい敬語とはされずにきた。　→§86

お/ご──していただく　×「私は先生にご指導していただいた」のように使われることがあるが、誤り(「お/ご──する」が本来謙譲語Ⅰの形であり、高めるべき人や相手の行為を謙譲語Ⅰの形で述べることになるから、と理由づけられている)。正しくは、「して」を除いて、「お/ご──いただく」(○:「先生にご指導いただいた」)とすればよい。

　ただし、たとえば「部長に、社長をご案内していただいた」のように、高めるべき人物(本例では「社長」)に対する、その人に比べれば低く位置づけてよい人(本例なら「部長」)の行為を、両者をともに高めて述べる〈二方面敬語〉の場合には、「お/ご──していただく」も誤りではない。　→§42、§47

お/ご──してくださる　×「この紙にご記入してください」のように使われることがあるが、誤り(「お/ご──する」が本来謙譲語Ⅰの形であり、相手や高めるべき人の行為を謙譲語Ⅰの形で述べることになるから、と理由づけられている)。正しくは、「して」を除いて、「お/ご──ください」(○:「この用紙にご記入ください」)とすればよい。

　ただし、たとえば「あなたが先生をご案内してください」のように、高めるべき人物(本例では「先生」)に対する、その人に比べれば低く位置づけてよい人(本例なら「あなた」)の行為を、両者をともに高めて述べる〈二方面敬語〉の場合には、「お/ご──してくださる/ください」も誤りではない。　→§46、§47

お/ご──する　謙譲語Ⅰの一般的な形。「…を・・・に・・・か

ら・…のために」などにあたる人物〈Ⅱ・Ⅲ人称〉を高め、主語〈普通はⅠ人称〉を低く位置づける。「私が先生をご案内した」「その荷物、お持ちしましょう」　Ⅱ人称者や高めるべきⅢ人称者を主語として尊敬語のように使うのは、誤り。×「お支払いは、カードをご利用しますか」（○：ご利用になりますか、（ご）利用なさいますか）、×「この用紙にご記入してください」（○：ご記入ください）　また、「…を・…に・…から・…のために」などにあたる人物が身内であっては不可。×「私が父をご案内しました」（○：案内いたしました）　→§32 - §35、§88、付録pp.236-238

お/ご──だ（です）　尊敬語。主語〈Ⅱ・Ⅲ人称〉を高める。形としては、同じ尊敬語「お/ご──になる」の「になる」を「だ（です）」に変えた形にあたる。意味としては、「……ている」の意をあらわすのが一般的。「……ている」意のスマートな尊敬語として重宝。「用紙をお持ちですか」「社長は今週はご出張です」　ただし、「……ている」意でなく使う場合もある。「どちらへお出かけですか」（「これから……する」意）「今お帰りですか」（「……た」意）　身内を主語として使うのは誤り。×「主人は今週はご出張です」「だ・です」の部分は、たとえば「らしい」「ね」など、種々の形（名詞の後に付く諸表現）に変えて使われる場合もある。「社長は今週はご出張らしい」「いいネックレスをお持ちね」

　さらに敬度の高い表現として「お/ご──でいらっしゃる」（次項）がある。また、「お/ご──の＋名詞」は、この「お/ご──だ」を、名詞を修飾する語句として使ったものにあたる。　→§20

お/ご──でいらっしゃる　前項「お/ご──だ（です）」の敬度をさらに高くした尊敬語。主語〈Ⅱ・Ⅲ人称〉を高める。意味は、やはり「……ている」の意が多いが、そうでない場

合もある。「用紙をお持ちでいらっしゃいますか」「社長は今週はご出張でいらっしゃいます」(以上「……ている」意)「どちらへお出かけでいらっしゃいますか」(「これから……する」意)「今お帰りでいらっしゃいますか」(「……た」意) 身内を主語として使うのは誤り。×「祖父はお出かけでいらっしゃいます」 →§20、§26

お／ご──できる 「お／ご──する」の可能形。すなわち、可能の意の謙譲語Ⅰの一般的な形。「…を・…に・…から・…のために」などにあたる人物〈Ⅱ・Ⅲ人称〉を高め、主語〈普通はⅠ人称〉を低く位置づける。「来週でしたら、皆様をご招待できます」「明日お届けできます」 Ⅱ人称者や高めるべきⅢ人称者を主語として尊敬語のように使うのは誤りで、正しくは「お／ご──になれる」 ×「回送電車ですので、ご乗車できません」(○:「ご乗車になれません」) また、「…を・…に・…から・…のために」などにあたる人物が身内であっては不可。×「〔私の〕両親を温泉にご招待できてよかった」 →§71

お／ご──なさる 尊敬語の一般的な形。主語〈Ⅱ・Ⅲ人称〉を高める。「社長もご出席なさる予定です」 機能・敬度とも「お／ご──になる」と同様。「ご──なさる」のほうはよく使われるが、「お──なさる」のほうは、今日ではあまり使わない(たとえば「お書きなさる」「お始めなさる」など、古めかしい感じがする)。「お／ご」の付かない「──なさる」と、この「お／ご──なさる」とは、ともに尊敬語で、主語を高める機能は同じだが、どのような語について作れるか、守備範囲に違いがある。 →§15、付録pp.233-235

お／ご──にあずかる 「恩恵を与えてもらう」趣の謙譲語Ⅰ。「お／ご──いただく」の類語。恩恵を与えてくれる側〈Ⅱ・Ⅲ人称〉を高め、主語＝恩恵を受ける側〈普通はⅠ人

称〉を低く位置づける。ただし、——に入る語は、「お/ご——いただく」の場合より、限られている。「毎度お引立てにあずかりまして、ありがとうございます」

お/ご——になる 尊敬語の一般的な形。主語〈Ⅱ・Ⅲ人称〉を高める。「社長もご出席になって、質問にお答えになる予定です」「ジョギングをお始めになったそうですね」

　本書では、この種の尊敬語をナル敬語と呼ぶ。「……(ら)れる」型の尊敬語（レル敬語）より敬度が高いが、中にはこの形の作れない動詞もあるので、注意を要する。身内を主語として使うのは誤り。×「主人は今日パリからお帰りになります」　→§13、§14

お/ご——になれる 「お/ご——になる」の可能形。すなわち、可能の意の尊敬語の一般的な形。主語〈Ⅱ・Ⅲ人称〉を高める。「ご子息と久しぶりにお会いになれて、よかったですね」「今日は社長もご出席になれるそうです」　→§19

お/ご——ねがう（お/ご——願う） 「……てもらうことを願う」趣の謙譲語Ⅰ。「お/ご——いただく」の類語。恩恵を与えてくれる側〈Ⅱ・Ⅲ人称〉を高め、主語＝恩恵を受ける側〈普通はⅠ人称〉を低く位置づける。「先生においで（を）願った」「ぜひお聞き入れ願いたく、参上した次第です」

お/ご——の＋名詞 尊敬語。意味上の主語〈Ⅱ・Ⅲ人称〉を高める。「お/ご——だ（です）」を、名詞を修飾する語句として使ったものにあたる。意味は、「……ている」の意の場合も、そうでない場合もある。「物件をお探しの方は……」（「……ている」意）「カードをご利用の場合は……」（「……する」意）「会計がお済みの方は……」（「……た」意）

お/ご——もうしあげる（お/ご——申し上げる） 謙譲語Ⅰ。「お/ご——する」より敬度はだいぶ高いが、働き自体は同じで、「…を・…に・…から・…のために」などにあたる人

物〈Ⅱ・Ⅲ人称〉を高め、主語〈普通はⅠ人称〉を低く位置づける。「ご自愛くださいますようお祈り申し上げます」「私が先生をご案内申し上げました」 ──のところに入る語は、ある程度限られている。「…を・…に・…から・…のために」などにあたる人物が身内であっては不可。×「私が祖父をご案内申し上げました」 →§41, 付録p.239

お/ご── もうす（お/ご── 申す）「お/ご── いたす」と同じような機能の語（謙譲語ⅠⅡ）。すなわち、「…を・…に・…から・…のために」などにあたる人物〈Ⅱ・Ⅲ人称〉を高め、主語〈Ⅰ人称〉を低め、聞手に丁重に述べる。原則として「ます」を付けて使う。以前は代表的な謙譲語形だったが、今日では、古めかしい感じがし、ほとんど使われない。「お/ご── いたす」のほうが、はるかに一般的。（なお、上掲の「お/ご── 申し上げる」のほうは、今日もかなり使われる。本項の「お/ご── 申す」は、これとは別語）

おすまい（お住まい）「お住まいになる」で「住む」意の、「お住まいだ」で「住んでいる」意の尊敬語。主語〈Ⅱ・Ⅲ人称〉を高める。「お住みになる」「お住みだ」とはあまり言わず、それにかわる言い方。「どちらにお住まいですか」 名詞「住まい」の尊敬語（そこに住む人を高める）としても使う。 →§25

おっしゃる 「言う」意の尊敬語。主語〈Ⅱ・Ⅲ人称〉を高める。「社長がそうおっしゃった」

おみみにいれる（お耳に入れる）「知らせる」意の謙譲語Ⅰ。知らせる相手〈Ⅱ・Ⅲ人称〉を高め、主語〈普通はⅠ人称〉を低く位置づける。「お耳に入れたいことがございまして、伺いました」 Ⅱ人称者や高めるべきⅢ人称者を主語として尊敬語のように使うのは、誤り。また、知らせる相手が身内であっては不可。×「祖父のお耳に入れる」

敬語ミニ辞典　255

おめしになる（お召しになる）→めす（召す）

おめしもの（お召し物）「着（てい）る物」の意の尊敬語。着（てい）る人を高める。「すてきなお召し物ですね」

おめにかかる（お目にかかる）「会う」意の謙譲語Ⅰ。会う相手〈Ⅱ・Ⅲ人称〉を高め、主語〈普通はⅠ人称〉を低く位置づける。「昨日先生にお目にかかった」「近くお目にかかりたいのですが」　Ⅱ人称者や高めるべきⅢ人称者を主語として尊敬語のように使うのは、誤り。×「今度お目にかかってください」　また、会う相手が身内であっては不可。×「久しぶりで祖父にお目にかかった」　→§46、§66

おめにかける（お目にかける）「見せる」意の謙譲語Ⅰ。見せる相手〈Ⅱ・Ⅲ人称〉を高め、主語〈普通はⅠ人称〉を低く位置づける。「お目にかけたいものがございまして、お持ちいたしました」　Ⅱ人称者や高めるべきⅢ人称者を主語として尊敬語のように使うのは、誤り。また、見せる相手が身内であっては不可。×「書類を伯父にお目にかけた」　類語に「ごらんにいれる」

おやすみになる　「寝る」意の尊敬語。主語〈Ⅱ・Ⅲ人称〉を高める。「お寝になる」とは言わないので、それにかわる言い方。「夜分申し訳ございません。ご主人はもうおやすみになりましたか」（漢字では「お寝みになる」と書くことがある。ただし、常用漢字表の音訓欄にない使い方）　もちろん「休む」の尊敬語としても使う（その場合は「寝」ではなく「休」の字）。「先生はご病気で学校をお休みになった」

おられる・……ておられる　「いる」・「……ている」意の尊敬語として使うことがあるが、「おる」は本来謙譲語なので、規範的には問題がある。「いらっしゃる・おいでになる」を使えば問題ない。ただし、場面・文体によっては「いらっしゃる」はなじまない場合があり、「おられる」はそのかわり

に使われる面もあるようである。　→§78

おる・……ておる　「いる」・「……ている」の謙譲語Ⅱ。主語〈Ⅰ人称〉を低め、聞手に丁重に述べる。原則として「ます」を付けて使う。「私は六時までは会社におります」「私は昨年から○○方面の仕事をしております」　時には、主語を低める性質を失って、単に聞手に丁重に述べるだけの用法で用いられる（丁重語）。「道路が渋滞しております」　ただし、この場合も、主語は〈高める必要のないⅢ人称〉でなければならず、Ⅱ人称者や、然るべきⅢ人称者では不可。×「あなたは(先生は)何時まで会社におりますか」

　もっとも、「おる」の語感には個人差・方言差もあり、謙譲語としてではなく普通の言葉として（いわば標準語の「いる」と同じように）使う人もいる。また、「こら、何をしておるか」のように、むしろ卑しめて、あるいは尊大な趣で使う場合もある。

おん-（御-）　①尊敬語を作る接頭辞。「御地（おんち）・御身（おんみ）」などと使い、相手側を高める。　→§29　②「御礼（おんれい）」は謙譲語Ⅰ。礼の向かう先を高める。

き-（貴-）　尊敬語を作る接頭辞。相手側を高める。「貴下・貴兄」は、男性間で相手を指す代名詞として使う（ただし、実際には目上に対してではなく同輩以下に対して使う）。「貴社・貴信・貴地」は相手の会社・手紙・土地を指して使う。いずれも、手紙用語。　→§29に類似の接頭辞

ぐ-（愚-）　謙譲語Ⅱを作る接頭辞。「愚見・愚作・愚息」などと使い（それぞれ、自分の意見・作品・息子をへりくだる表現）、自分側をへりくだる。　→§49に類似の接頭辞

くださる（下さる）　「くれる」意の尊敬語。与え手＝主語〈Ⅱ・Ⅲ人称〉を高める。「先生が私に資料をくださった」　身内を与え手として使うのは誤り。×「これ、主人の姉がく

……てくださる（……て下さる）「……てくれる」意の尊敬語。恩恵の与え手＝主語〈Ⅱ・Ⅲ人称〉を高める。「先生が指導してくださった」身内を主語として使うのは誤り。×「祖父が教えてくださった」→§22

ご－　→お/ご－

こう-（高-）　尊敬語を作る接頭辞。しばしば、この前にさらに「御」を冠して「御高配」（「ご配慮」よりさらに敬度が高い）・「御高名」（「お名前」よりさらに敬度が高い）などと使う。一般には相手方を高める（時に、第三者を高めることもある）。このほか、主なものに「御高察・御高覧・御高恩・御高著」など（それぞれ「お察し・ご覧・ご恩・ご著書」よりさらに敬度が高い）。　→§29に類似の接頭辞

ございます・……でございます　「ございます」は「あります」の、「でございます」は「です」の、さらに敬度の高い丁寧語。「こちらに類書がございます」「私が責任者でございます」。その他、「うれしゅうございます」のように「形容詞＋ございます」の形も作れる。Ⅱ人称者について「（あなたは）明日はお仕事がございますか」「（あなたは）田中さんでございますか」と使うのは、誤りとまではいえないが、違和感を感じる人もいて、それぞれ「明日はお仕事がおありですか」「田中さんでいらっしゃいますか」のほうが無難。　→§54、§55、§56

ごぞんじ（ご存じ）「知っている」の尊敬語。主語〈Ⅱ・Ⅲ人称〉を高める。「お知りになっている」とは言わないので、それにかわる言い方。否定の形は「ご存じでない」「ご存じない」ともに使う（後者のほうがこなれた感じがする）。「社長が変わるという噂、ご存じですか」「先生はその件はご存じなかった」

こちら ①「ここ」の意の丁寧語的な表現。「こちらに見本がございます」 ②「これ」の意の丁寧語的な表現。「こちらが見本でございます」 ③(「こちらの」で)「この」の丁寧語的な表現。「こちらのお品のほうがお買い得になっております」 ④「この人」の尊敬語的な表現。「この方」とほぼ同じ。「こちらが○○商事の○○社長です」 ④は尊敬語と見られるので、身内に使うのは不適であろう。身内を紹介する場合には、目下なら「これが弟です(でございます)」、身内の目上なら単に「母です(でございます)」とするのが無難。 →「あちら」「そちら」

こちらさま (こちら様) 「この人(たち)」の意の尊敬語。「こちら」④の、さらに敬度の高い表現。

ごらんにいれる (ご覧に入れる) 「見せる」意の謙譲語Ⅰ。見せる相手〈Ⅱ・Ⅲ人称〉を高め、主語〈普通はⅠ人称〉を低く位置づける。「おもしろい物を見つけましたので、ご覧に入れたいと存じまして、参上いたしました」 Ⅱ人称者や高めるべきⅢ人称者を主語として尊敬語のように使うのは、誤り。また、見せる相手が身内であっては不可。×「祖父にご覧に入れた」 類語「お目にかける」より、「ご覧に入れる」のほうがやや大げさな響きがある。

ごらんになる (ご覧になる) 「見る」意の尊敬語。主語〈Ⅱ・Ⅲ人称〉を高める。「お見になる」とは言わないので、それにかわる言い方。「社長は映画がお好きだそうで……。どんな映画をご覧になるんですか」 →§12

ごらんいただく (ご覧頂く) 「見てもらう」意の謙譲語Ⅰ。見る人〈Ⅱ・Ⅲ人称〉を高め、見てもらう側の人〈普通はⅠ人称〉を低く位置づける。「先生にレポートをご覧いただいた」

ごらんくださる (ご覧下さる) 「見てくれる」意の尊敬語。

主語〈Ⅱ・Ⅲ人称〉を高める。「先生がレポートをご覧くださった」「ご都合のいいときにご覧ください」

さしあげる（差し上げる）「贈る・与える」意の謙譲語Ⅰ。贈り先〈Ⅱ・Ⅲ人称〉を高め、主語〈普通はⅠ人称〉を低く位置づける。「ご参加の皆様に記念品をさしあげます」 身内に贈る場合に使うのは不可。×「母にカーネーションをさしあげた」

……てさしあげる 「……てやる／あげる」意の謙譲語Ⅰ。恩恵の受け手〈Ⅱ・Ⅲ人称〉を高め、主語〈普通はⅠ人称〉を低く位置づける。「先生を手伝って（お手伝いして）さしあげた」 身内に恩恵を与える場合に使うのは不可。×「父を手伝ってさしあげた」

（さ）せていただく 「（さ）せてもらう」の謙譲語Ⅰ。「私は先生に貴重な資料を利用させていただいた」 主語〈普通はⅠ人称〉（本例なら「私」）が「する」（「貴重な資料を利用する」）ことを、"相手側〈Ⅱ・Ⅲ人称〉（「先生」）からの好意・恩恵を得て、そうすることを許してもらう"＝「（さ）せてもらう」と捉え、さらに「いただく」によって、その相手側を高め、「する」側を低く位置づけて述べる。これが本来の用法だが、最近は恩恵／許可を得るという捉え方の成り立たない場合にも拡張して、たとえば「私どもはこの商品に力を入れさせていただいております」のように、「（さ）せていただく」全体を謙譲語Ⅱとして（「いたす」のような趣で）使う用法も増えている。現時点では、このような（＝恩恵／許可を得るという捉え方のできない）使い方は、「乱れ」（過剰使用）と受け止める向きが多いが、今後さらに広がっていく可能性もある。 →§94、§95

される・──される 「する」「──する」意の尊敬語。主語〈Ⅱ・Ⅲ人称〉を高める。「どうされますか」「ご自分で運転

されるのですか」「先生がスピーチをされた」「する」に「れる」が付いたレル敬語で、敬度は高くない（→「……(ら)れる」）。「なさる・——なさる」のほうが（上例なら「どうなさいますか」「運転なさるのですか」「スピーチをなさった」のほうが）敬度が高く、こなれた感じがする。

さんじょう（参上）「……へ出かけて行く（来る）」意の謙譲語Ⅰ。行き先〈Ⅱ・Ⅲ人称〉を高め、主語〈普通はⅠ人称〉を低く位置づける。「ご用の折は、ご連絡をいただければ、すぐ参上いたします」

しょう‐（小‐）　謙譲語Ⅱを作る接頭辞。「小社・小店」などと使い、自分側をへりくだる。主に書き言葉で使う。→§49に類似の接頭辞

せつ‐（拙‐）　謙譲語Ⅱを作る接頭辞。「拙」は「つたない」意。「拙文・拙著・拙宅」などと使い（それぞれ、自分の文章・著作・家をへりくだる表現）、自分側をへりくだる。主に書き言葉で使う。→§49に類似の接頭辞

そちら　①「そこ」の意の丁寧語的な表現。「そちらにお席を用意してございます」　②「それ」の意の丁寧語的な表現。「そちらのほうがよくお似合いです」　③（「そちらの」で）「その」の丁寧語的な表現。「そちらのお品」　④「その人」の尊敬語的な表現。「その方」とほぼ同じ。「こちらが〇〇社長です。そちらが××理事長です」（以上、①～④は、「こちら」と並行的）　⑤相手方を尊敬語的に指す表現。「そちらのご都合に合わせます」→「あちら」「こちら」

そちらさま（そちら様）　相手方を指す尊敬語。「そちら」⑤より、さらに敬度が高い。「そちら様のご都合にしたがいます」なお、「その人(たち)」の意の尊敬語（「そちら」④の、さらに敬度の高い表現）として使われることもある。

そん‐（尊‐）　尊敬語を作る接頭辞。しばしば、この前にさら

に「御」を冠して「御尊名」(「お名前」よりさらに敬度が高い)などと使う。先方を高める。このほか、主なものに「御尊顔・御尊家・御尊父(様)」(それぞれ「お顔・お宅・お父様」よりさらに敬度が高い)がある。「御尊顔」は「御尊顔を拝す」などと使う。「御尊父(様)」の対語は「ご母堂(様)」。 →§29に類似の接頭辞

ぞんじあげる(存じ上げる)「知る」意の謙譲語Ⅰ。「……を知る/……について知る」の……にあたる人物〈Ⅱ・Ⅲ人称〉を高め、主語〈普通はⅠ人称〉を低く位置づける。「私は先代の社長のことを存じ上げています」「お名前はよく存じ上げております」 Ⅱ人称者や高めるべきⅢ人称者を主語として使うのは、一般に誤り。また、知っている相手が身内であっては不可。×「私は生前の祖父のことをよく存じ上げております」 →§37

ぞんじる(存じる) ①「知る」意・②「思う」意の謙譲語Ⅱ。主語〈Ⅰ人称〉を低め、聞手に丁重に述べる。原則として「ます」を付けて使う。「私はこの町のことでしたら、よく存じております」(①知る意)・「私もぜひ参加したいと存じます」(②思う意) Ⅱ人称者や高めるべきⅢ人称者を主語として使うのは誤り。 →§37

たまわる(賜る)「いただく」あるいは「くださる」意の、格式ばった表現。①「会長にご尽力を賜った」といえば「会長にご尽力をいただいた」の「いただく」のかわりとみなせる謙譲語Ⅰ、②「会長がご尽力を賜った」といえば「会長がご尽力をくださった」の「くださる」のかわりとみなせる尊敬語ということになる。このように「たまわる」の場合、本例でいえば「会長に」「会長が」の助詞の使い方がルースで、両様行われている模様だが、①のように謙譲語Ⅰとして使うのが本来の用法である。いずれにせよ、恩恵の与え手〈Ⅱ・

Ⅲ人称〉を高め、恩恵を受ける側〈Ⅰ人称〉を低く位置づける。恩恵の与え手を表現せずに（とくに、Ⅱ人称者から恩恵を得る場合）、「ご尽力を賜りましてありがとうございました」「このたびは大層結構なお品を賜りまして」などと使う場合が多い。

ちょうだいする（頂戴する）「もらう」意の謙譲語Ⅰ。与えてくれる側〈Ⅱ・Ⅲ人称〉を高め、主語＝受け取る側〈普通はⅠ人称〉を低く位置づける。「ありがたく頂戴いたします」「いただく」①とほぼ同様に使うが、漢語なので、いくぶん改まった感じがする。

です　聞手に対して丁寧に述べる丁寧語。名詞性・形容詞性の語に付く。　→§50、§51

どちら　①「どこ」の意の丁寧語的な表現。「お手洗いはどちらでしょう」　②「どの人」「誰」の尊敬語的な表現。（複数の人の中から山田さんを探す場合）「どちらが山田さんですか」

どちらさま（どちら様）「どの人」「誰」の尊敬語。「どちら②」「どなた」よりもさらに敬度が高い（「どなた様」と同程度か）。「失礼ですが、どちら様でしょう」

どなた・どなたさま（どなた様）「誰」の尊敬語。「どなた」より「どなた様」のほうが敬度が高い。

なくなる（亡くなる）「死ぬ」意の婉曲表現あるいは美化語。　→§27

なさる・――なさる　「する」「――する」の尊敬語。主語〈Ⅱ・Ⅲ人称〉を高める。「どうなさいますか」「ご自分で運転なさるのですか」「先生がスピーチをなさった」　レル敬語「される」「――される」より敬度が高い。「――する」型の動詞（サ変動詞）を、レル敬語より敬度の高い尊敬語にする場合の一般的な方法として便利（「する」を「なさる」に変

えればよい。「——する」型の動詞なら、すべて例外なく適用できる)。　→§15、§17
なされる・——なされる　「する」「——する」の尊敬語として「どうなされますか」「先生がスピーチをなされた」などと使う人がいるが、古めかしい印象を受ける。「なさる・——なさる」のほうがすでに一般的である。なお、「なさる・——なさる」を使う人にとっては、「なされる・——なされる」は「なさる・——なさる」の可能形にあたる。「ご自分で運転なされるのですか」は、ある人（古めかしい言い方をする人）にとっては「自分で運転するのですか」の尊敬語だが、ある人（一般的な言い方をする人）にとっては「自分で運転できるのですか」の尊敬語ということになる。　→§18
……には　「……は」の尊敬語的な表現。……の人物〈Ⅱ・Ⅲ人称〉を高める。「先生にはますますご清祥のこととお慶び申し上げます」などと、主に書き言葉で使う。元来、高めるべき人を直接指さずにその場所を指す（たとえば「帝は」と述べずに「内裏には」と述べる）ことで敬意を示す発想があり、それに伴って場所を示す助詞「に」が付いたのだが、やがて「に」が付くことが敬意の表現のようになったもの。さらに高い敬度の表現としては「……におかれ（まし）ては」「……におかせられ（まし）ては」。ただし、後者はすでにほとんど使わない。
……にも　上記「……には」を「……は」の尊敬語のように使うのと同じように、「……にも」で「……も」の尊敬語のように使う場合がある。「承れば御令息様にはこのたび難関〇〇大学に御入学の由、また御令嬢にも見事××高校に御入学の由、衷心よりお慶び申し上げます」
はい-（拝-）　謙譲語Ⅰを作る接頭辞。行為の先すなわち「…を」にあたる人物など〈Ⅱ・Ⅲ人称〉を高め、主語〈Ⅰ人

称〉を低く位置づける。たとえば、「私は先生の絵を拝見した」は「絵」(「…を」にあたる)の作者あるいは所有者「先生」を高める。「拝見」のほか「拝察・拝借・拝受・拝読」など（→下記各項）。Ⅱ人称者や高めるべきⅢ人称者を主語として尊敬語のように使うのは、誤り。×「どうぞ拝見してください」（○：ごらんください）〔なお一般の謙譲語Ⅰの場合は、例外的に、Ⅱ・Ⅲ人称者を主語として、その行為の先を高めることを趣旨として「あなたが先生をご案内するんですか」などと使うことがあるが（高めるべき人物に比べれば、主語を低く位置づけてよい場合　→§47）、「拝-」系の語の場合は、たとえば同輩に対して「あなたは先生の絵を拝見しましたか」などとは言わない。「拝-」系の語の場合にこうした言い方ができるのは、身内の目下に対する場合に限られる。〕

また、行為の先（「…を」などにあたる人物）が身内であっては不可。×「父の絵を拝見した」　身内でなくても、高める必要のないものを高めることになる使い方は誤り。×「映画を拝見した」（たとえばその映画の監督に対して使うなら不可能ではないが、そうでない限りおかしい）

はいけん（拝見）「見る」意の謙譲語Ⅰ。「見る」先（見るものの所有者、関係者など）〈Ⅱ・Ⅲ人称〉を高め、主語〈Ⅰ人称〉を低く位置づける。「乗車券を拝見いたします」

はいさつ（拝察）「察する」意の謙譲語Ⅰ。「察する」先〈Ⅱ・Ⅲ人称〉を高め、主語〈Ⅰ人称〉を低く位置づける。「いかばかりお心をお傷めのことかと拝察いたします」

はいしゃく（拝借）「借りる」意の謙譲語Ⅰ。「借りる」先（「……から借りる」の……）〈Ⅱ・Ⅲ人称〉を高め、主語〈Ⅰ人称〉を低く位置づける。「おそれいりますが、この資料を拝借できないでしょうか」

はいじゅ（拝受）「受け取る」意の謙譲語Ⅰ。「受け取る」先（「……から受け取る」の……）〈Ⅱ・Ⅲ人称〉を高め、主語〈Ⅰ人称〉を低く位置づける。「貴信拝受いたしました」

はいどく（拝読）「読む」意の謙譲語Ⅰ。「読む」ものに関係した人物（たとえば手紙・文章・本を書いた人）〈Ⅱ・Ⅲ人称〉を高め、主語〈Ⅰ人称〉を低く位置づける。「お手紙拝読いたしました」高める必要のない人が書いたものについて使うのは、誤り。×「先日、新人作家の小説をたまたま書店で見つけて拝読したのですが……」（相手の書いた本なら、もちろん「御高著を拝読いたしました」と言うが、相手と関係のない第三者を高めることになるので、誤り）

へい－（弊-）　謙譲語Ⅱを作る接頭辞。「弊」は「やぶれた、そまつな」などの意。「弊社・弊店」などと使い、自分側をへりくだる。主に手紙など書き言葉で使う。　→§49に類似の接頭辞

まいる（参る）・……てまいる　「行く・来る」「……ていく・……てくる」意の謙譲語Ⅱ。主語〈Ⅰ人称〉を低め、聞手に丁重に述べる。原則として「ます」を付けて使う。「先月、ロンドンにまいりました」（行く意）・「私はこの四月に京都からまいりました」（来る意）・「次第になじんでまいりました」（……ていく・……てくる意）　時には、主語を低める性質を失って、単に聞手に丁重に述べるだけの用法で用いられる（丁重語）。「電車がまいりました」「暖かくなってまいりました」　ただし、この場合も、主語は〈高める必要のないⅢ人称〉でなければならず、Ⅱ人称者や、然るべきⅢ人称者では不可。×「あなたは（先生は）その会にまいりますか」　→§38、§45

ます　聞手に対して丁寧に述べる丁寧語。動詞性の語に付く。
→§50、§51、§91
みえる（見える）　「来る」意の尊敬語。主語〈Ⅱ・Ⅲ人称〉を高める。「課長は今日は午後から見えるそうです」「いらっしゃる・おいでになる」より敬度は軽い。敬度の軽さを補う「お見えになる」「お見えだ（です）」という表現もある。「先生はもうお見えです」（来ている意）。〔「お見えになる」「お見えだ（です）」は、「とてもお若くお見えです」のように「来る」意でなく「（目に、そのように）見える」意の尊敬語としても、もちろん使う。〕　なお、「来る」にはたとえば「だんだん慣れてくる」のような「……てくる」の用法があるが、「見える」にはこうした用法はない。
めしあがる（召しあがる）　「食べる」「飲む」意の尊敬語。主語〈Ⅱ・Ⅲ人称〉を高める。「何もございませんが、どうぞ召しあがってください」「お食べになる」（使う人も増えてきてはいるが、規範的には誤りとされてきた）にかわる表現。「お飲みになる」は問題ないが、「召しあがる」は飲む場合にも使う（ただし、薬をのむ場合には使わない）。「お召しあがりになる」は二重敬語だが、慣用として定着していて、問題ない。「お召しあがりくださる（ください）・お召しあがりいただく」も使う。ただし、「お召しあがり方」は、「お読み方」がおかしいのと同じ理由でおかしく、「召しあがり方」が正しい。
めす（召す）　次の各用法をもつ尊敬語。主語〈Ⅱ・Ⅲ人称〉を高める。
①「着る・身につける」意。「お寒うございますから、コートを召された（お召しになった）ほうがよろしいでしょう」　着物・スーツ・コートなど、身にまとうものに使うのが一般的だが、ズボン・スカートなどに使う人もいる。

②「お気に召す」で「気に入る」意の尊敬語。「お試しになって、お気に召しましたら、ご注文ください」
③「お風邪を召す」で「風邪をひく」意の尊敬語。「お風邪を召されませんように」
④「お年を召す」で「年をとる」意の尊敬語。
⑤「お風呂を召す」で「風呂を使う」意の尊敬語。
⑥「呼び寄せる」意の尊敬語。「神様のお召し」

　歴史的には、このほか「買う」「乗る」などの尊敬語としても使われた。「召す」自体、尊敬語と見てよい語だが、実際には以上の例文のように「召される」「お召しになる」「お召しだ」などの形でよく使う。

もうされる（申される）「言う」意の尊敬語として使うことがあるが、「申す」は謙譲語なので、規範的には問題がある。「言われる・おっしゃる」を使えば問題ない。　→§77

もうしあげる（申し上げる）「言う」意の謙譲語Ⅰ。「……に言う」の……にあたる人物〈Ⅱ・Ⅲ人称〉を高め、主語〈普通はⅠ人称〉を低く位置づける。「私は社長にそのことを申し上げた」　Ⅱ人称者を主語として使うのは、一般に誤り。また、……の人物が身内であっては不可。×「父にそのことを申し上げた」　→§36

もうす（申す）「言う」意の謙譲語Ⅱ。主語〈Ⅰ人称〉を低め、聞手に丁重に述べる。原則として「ます」を付けて使う。「友人にそのことを申しました」　時には、主語を低める性質を失って、単に聞手に丁重に述べるだけの用法で用いられる（丁重語）。「友人が申しますには……」　ただし、この場合も、主語は〈高める必要のないⅢ人称〉でなければならず、Ⅱ人称者や、然るべきⅢ人称者では不可。×「先日あなたが（先生が）申しました通り……」　→§36、§45

もれうけたまわる（漏れ承る）「漏れ聞く（ふとしたきっかけ

から、たまたま伝え聞く)」意の謙譲語Ⅰ。「……について聞く」の……にあたる人物〈Ⅱ・Ⅲ人称〉を高め、主語〈普通はⅠ人称〉を低く位置づける。本来自分が聞くべきではない話をたまたま耳にしてしまって恐縮である、という趣がこめられる。「漏れ承れば御入院中とのこと、陰ながら御案じ申し上げております」

らくしゅ（落手）「相手から送ってもらったものが届き、入手する」意を、「こちらの手に落ちた」というように表現する謙譲語Ⅱ（兼Ⅰ）。手紙用語。「お送りいただいた資料、本日落手致しました」 次項もほぼ同じ。「拝受」にも近い。

らくしょう（落掌） 前項とほぼ同じ。

……（ら）れる 動詞の後に「（ら）れる」を付けた形で、尊敬語として働く。主語〈Ⅱ・Ⅲ人称〉を高める。「社長も出席されて、質問に答えられる予定です」「新車を買われたそうですね」

　「する」（サ変動詞）や「買う」（五段動詞）の後には「れる」が付き「される」「買われる」となり、「答える」（下一段動詞）・「起きる」（上一段動詞）や「来る」（カ変動詞）の後には「られる」が付き「答えられる」「起きられる」「来られる」となる。本書では、この種の尊敬語をレル敬語と呼ぶ。人間を主語とするたいていの動詞は、この方法で尊敬語にすることができ、例外も少なく、作り方も簡単なため、多用されているが、敬度は軽い。　→§13

-れい（-令） 尊敬語を作る接頭辞。しばしば、この前にさらに「御」を冠し、「御令室（様）」（「奥様」の意）などと使う。先方の人物を高める。このほか、主なものに「御令息・御令嬢・御令兄・御令弟・御令妹」がある。　→§29に類似の接頭辞

関連文献

それぞれの項に関して、本書より詳しい内容（あるいは関連する内容）を盛った文献を紹介します。単に『敬語』とあるのは、拙著『敬語』（「はじめに」の項参照）で、同書については、関連する節あるいは小節まで示しました。

§1 『敬語』Ⅰ-1、Ⅱ-1／南不二男『敬語』岩波書店（岩波新書）、1987
§2 『敬語』Ⅱ-1
§3 『敬語』Ⅰ-3
§4 『敬語』Ⅰ-3-(2)A②「「恩恵」の捉え方」／熊井浩子「待遇表現指導の一視点──「ほしい・たい」を中心にして」『日本語学校論集』〈東京外国語大学〉16、1989
§5 『敬語』Ⅰ-3-(1)B③「親疎の関係」、(2)A③「「親疎」の距離のとり方」／柴田武「敬語と敬語研究」『言語』8-6、1979（6月号）
§6 『敬語』Ⅰ-2
§7 『敬語』Ⅱ-2-(1)「敬語の体系的な発達」
§8 『敬語』Ⅱ-4／菊地康人「敬語の性格分析──先学の敬語論と私自身の把握」『国語と国文学』55-12、1978（12月号）
§9 『敬語』Ⅵ-1
§10 『敬語』Ⅱ-2-(2)「敬語の〈人称変化／人称暗示〉的機能」／山田孝雄『敬語法の研究』宝文館、1924
§11 『敬語』Ⅲ-1「敬語と人称」／石坂正蔵『敬語史論考』大八洲出版、1944
§12 『敬語』Ⅲ-1「尊敬語とは」
§13 『敬語』Ⅲ-2「両者の比較」／国語審議会「これからの敬語」、1952
§14 『敬語』Ⅲ-2「「お／ご○○になる」と言えない場合」1～6
§15 『敬語』Ⅲ-3「「──なさる」と「お／ご○○なさる」」
§16 『敬語』Ⅲ-3「主な尊敬語四つの整理」

- §17 『敬語』Ⅲ-3「スマートな敬語の使いこなし方の第一歩」
- §18 『敬語』Ⅲ-3「「なさる」と「なされる」」
- §19 『敬語』Ⅲ-2「「お/ご──になる」と言えない場合」7〜9
- §20 『敬語』Ⅲ-5「動詞＋補助動詞の尊敬語」、「「……ている」の尊敬語の各種／「お／ご──だ（です）」」
- §21 『敬語』Ⅲ-1「主語について──新しい考え方」
- §22 『敬語』Ⅲ-4
- §23 『敬語』Ⅲ-1「所有者敬語」、「主語について──新しい考え方」／角田太作『世界の言語と日本語』くろしお出版、1991
- §24 ──
- §25 ──
- §26 『敬語』Ⅲ-6「「……だ／です」の尊敬語」
- §27 ──
- §28 『敬語』Ⅰ-3-(1)B④「内／外の関係」、Ⅲ-1「敬語の〈適用〉のルール」
- §29 『敬語』Ⅲ-6「動作性の名詞についての尊敬語」、「一般の名詞についての尊敬語」
- §30 『敬語』Ⅲ-6「形容詞・形容動詞についての尊敬語」
- §31 『敬語』Ⅳ-1／大石初太郎『敬語』筑摩書房、1975（ちくま文庫版もあり）
- §32 『敬語』Ⅳ-1／佐伯梅友『国語史要』武蔵野書院、1949
- §33 『敬語』Ⅳ-1
- §34 『敬語』Ⅳ-2／森山由紀子「謙譲語成立の条件──「謙譲」の意味をさぐる試みとして」『奈良女子大学文学部研究年報』33、1990
- §35 『敬語』Ⅳ-1「謙譲語Aと謙譲語Bの比較」／菊地康人「「謙譲語」について」『言語』8-6、1979（6月号）
- §36 『敬語』Ⅳ-4「「申し上げる」と「申す」」
- §37 『敬語』Ⅳ-4「「存じ上げる」と「存じる」」
- §38 『敬語』Ⅳ-4「「伺う」と「まいる」」
- §39 『敬語』Ⅳ-3／菊地康人「「謙譲語」について」（§35で掲げたもの）
- §40 『敬語』Ⅳ-3

§41　『敬語』Ⅳ-2「お／ご〜申し上げる」
§42　『敬語』Ⅲ-4
§43　──
§44　『敬語』Ⅳ-6「「申す」を含む諸語」
§45　『敬語』Ⅳ-1「Ⅲ人称者を主語とする〈丁重語〉としての用法」／宮地裕「待遇表現」『日本語と日本語教育　文字・表現篇』（国語シリーズ別冊4）国立国語研究所・大蔵省印刷局、1976
§46　『敬語』Ⅵ-4-(3)①「謙譲語を尊敬語のつもりで……」、Ⅲ-4「〈語形〉上の注意点」
§47　『敬語』Ⅳ-1「謙譲語Aの〈適用〉」（後半）、「二方面敬語」／佐伯梅友『国語史要』武蔵野書院、1949
§48　『敬語』Ⅵ-2「同じ〈語形〉「お／ご〜」で二通り以上の〈機能〉をもつもの」
§49　『敬語』Ⅳ-6
§50　『敬語』Ⅱ-3／時枝誠記『国語学原論』岩波書店、1941／辻村敏樹『敬語論考』明治書院、1992／渡辺実『国語文法論』笠間書院、1974
§51　『敬語』Ⅴ「〈文体〉としての「です・ます体」」
§52　『敬語』Ⅴ「丁寧語・美化語・改まり語・丁重語」／辻村敏樹『敬語論考』明治書院、1992／文化庁（窪田富男・池尾スミ執筆）『日本語教育指導参考書2　待遇表現』大蔵省印刷局、1971
§53　『敬語』Ⅴ「美化語のいろいろ」
§54　『敬語』Ⅲ-6「「……だ／です」の尊敬語」
§55　『敬語』Ⅴ「「ございます」を使う難しさ」
§56　『敬語』Ⅴ「形容詞の「ございます」形」
§57　『敬語』Ⅵ-1
§58　『敬語』Ⅵ-1／文化審議会「敬語の指針」、2007／菊地康人「ことばの質問箱Ⅰ「敬語の指針」をめぐって」『私たちと敬語』（新「ことば」シリーズ21）国立国語研究所、2008
§59　文化審議会「敬語の指針」、2007
§60　──

- §61 『敬語』Ⅵ-2「「お／ご」の整理」／柴田武「「お」の付く語・付かない語」『言語生活』70、1957（『社会言語学の課題』三省堂、1978にも収める）
- §62 ──
- §63 ──
- §64 ──
- §65 『敬語』Ⅱ-2「待遇性回避の手法」
- §66 『敬語』Ⅰ-3-(1)B④「内／外の関係」、Ⅲ-1「敬語の〈適用〉のルール」、Ⅳ-1「謙譲語Aの〈適用〉」
- §67 『敬語』Ⅲ-1「身内と扱うべきかどうかの難しさ」、「〈話題の敬語〉回避の手法」
- §68 『敬語』Ⅳ-1「謙譲語Aの〈適用〉」
- §69 『敬語』Ⅲ-1「その他の〈適用〉のルールと個人差」
- §70 『敬語』Ⅲ-4「「くださる」型と「いただく」型の比較」
- §71 『敬語』Ⅳ-2「「お／ご──する」と言えない場合」9
- §72 『敬語』Ⅳ-4「「申し上げる」と「申す」」（後半）
- §73 『敬語』Ⅵ-4「二重敬語──避けるべき二重敬語とは」
- §74 『敬語』Ⅵ-4「過剰敬語──避けるべき過剰敬語とは」
- §75 ──
- §76 『敬語』Ⅵ-4「誤りや不適切使用の主なタイプ」
- §77 『敬語』Ⅳ-4「謙譲語Bの歴史と「申される」」
- §78 『敬語』Ⅳ-4「「おられる」」
- §79 ──
- §80 ──
- §81 ──
- §82 ──
- §83 『敬語』Ⅳ-6「Ⅰ人称者の呼び方」
- §84 『敬語』Ⅲ-1「その他の〈適用〉のルールと個人差」／三上章『現代語法序説──シンタクスの試み』刀江書院、1953（くろしお出版から復刊、1972）
- §85 『敬語』Ⅶ-1「現在進行中の主な変化」／金田一京助『日本の敬語』角川書店（角川新書）、1959
- §86 『敬語』Ⅶ-1「「お／ご──される」」

§87　『敬語』 Ⅳ-5 ⎣「あげる」──謙譲語Aから美化語へ」
§88　『敬語』 Ⅳ-2「「お／ご～する」の誤用」／小松寿雄「「お……する」の成立」『国語と国文学』44-4、1967（4月号）
§89　『敬語』 Ⅲ-1「その他の〈適用〉のルールと個人差」
§90　──
§91　辻村敏樹「敬語史の方法と問題」『講座国語史5』大修館書店、1971／菊地康人「敬語の現在──敬語史の流れの中で、社会の変化の中で」『文学』9-6、2008（11-12月号）
§92　『敬語』 Ⅶ-2「敬語の大衆化」／最上勝也他「放送は日本語にどういう影響を与えたか──「放送と日本語」全国調査から」『放送研究と調査』586、2000（3月号）
§93　菊地康人「「敬語とは何か」がどう変わってきているか」『日本語学』24-11、2005（9月臨増号）／菊地康人「敬語の現在」（§91で掲げたもの）
§94, §95　『敬語』 Ⅲ-4「「……(さ)せてくださる」「……(さ)せていただく」」／菊地康人「変わりゆく「させていただく」」『言語』26-6、1997（6月号）／菊地康人「敬語の現在」（§91で掲げたもの）
§96　──
§97　『敬語』 Ⅰ-3-(2)B（個人差の項）、Ⅴ「美化語のいろいろ」
§98　『敬語』 Ⅶ-4
§99　『敬語』 Ⅶ-4、Ⅶ-7
§100　『敬語』 Ⅰ-3-(1)B②「立場の関係」、Ⅰ-3-(2)A②「「恩恵」の捉え方」、Ⅰ-3-(2)B「さらに背景的なファクター」

より詳しい文献リストは、拙著『敬語』の巻末をごらんください。

索 引

(注)①数字は、頁ではなく、**節の番号**です（なお、付録と敬語ミニ辞典は、この索引の対象外）。
②その内容について（ある程度以上）触れてある節を示します。必ずしも索引に掲げた字句そのままの形では、その節に出ていない場合も、一部あります。また、本文中に出てきても、それについての情報がそれほど盛られていない場合は、索引に掲げない場合もあります。
③太字は、重点的に述べられていることを示します。

〔事項・人名の部〕

相手を立てる 4, 43, 59, 69, 84, 94, **100** cf. 人を立てる
与え手（授受行為や恩恵の） 42, 70, 94
《改まり⟷くだけ／粗野／尊大》の待遇 6
改まり語 52, 55, 57, 58
アンケートの結果（著者が実施したもの）
〈お手紙〉48,〈身内扱いすべきか〉67,〈申される〉77,〈おられる〉78,〈社内の敬語〉84,〈ご──される〉86,〈あげる〉87,〈ご──する〉88,〈適用の個人差〉89
アンバランス（－な敬語） 55, 64, 65, 76
言い換え形 14, 17
石坂正蔵 11

一般形 12
意味的に「お／ご」がなじまない語 14, 15
依頼・要求表現 7, 22
内／外の関係、内か外か 3, 50, 67, 68
　内／外の関係をぼかす 67, 68
往復はがき（－の「ご」） 82
大石初太郎 31
思いやり 100
恩恵
　恩恵的行為の授受 70
　恩恵を与える 4, 100
　恩恵（的行為）を受ける／得る 3, 4, 22, 42, 43, 64, 94, 100
　恩恵的な許可 94
　恩恵（を受ける）と捉える 3, 43, 64, 94, 100

恩恵の与え手　42, 70, 94
恩恵の捉え方　4, 6, 94
外国語の敬語　7
外国人の敬語の誤り　32
外来語　14, 15, 16, 17
核家族化　92
過剰敬語　23, 53, **74**, 76, 94, 97
家庭（と敬語）　92, 93
可能表現（尊敬語や謙譲語の）　18, **19**, 71
漢語　13, 14, 15, 16, 17, 19, 22, 29, 30, 49, 61-(2)
慣習的な制約がある敬語現象（＝慣習的に「お/ご」がなじまない、など）　14, 15, 23, 29, 34, 61-(3), 81
慣習的に「お/ご」（ナル敬語や「お/ご──する」）がなじまない語　14, 15, 29, 34, 61-(3)
寛容（さ）（言葉づかいについての）　53, **97**, 98
聞手から見て高める対象とは思われない第三者を高める　69, 84, 89
聞手に丁重に述べる/聞手への敬語（謙譲語Ⅱ・丁重語・謙譲語ⅠⅡについて）　**35**, 36, 37, 38, 39, 40, 45, 50, 57, 59, 94
「聞手の目線」に立たない敬語　85, **89**
聞手を主語として謙譲語（や丁重語・「ございます」）を使う　45, 46, 47, 54, 56, 76, 77

聞手を低めてよい場合　**47**
擬態語　14, 15, 16, 17
「共同体」意識の確認　80
許可（−を与える、−を得る）　82, 94
距離
　距離のある上司　67, 83
　距離のある目上　80
　距離の表現　5
　人物間の距離　84
金田一京助　85
"空虚な軽薄型"（敬語の誤りのタイプ）　98, 99
窪田富男　52
グレードの低い待遇表現　65
敬意　1, **2**, 10, 12
　敬意の表現　1, 2, 9, 52, 75, 93
敬語的人称　**11**, 28
敬語と人称　**10**, 11, 28, 54, 88
敬語とは　**1**
「敬語とは何か」の変質　85, 92, **93**
敬語と人柄　99, 100
敬語に慣れた/敬語を使い慣れた人　8, 22, 24, 54, 73, 84, 86, 92, 95
敬語に慣れていない人　8, 17, 20, 65, 73, 76, 92, 99
敬語によって主語がわかる　10, 88
敬語の誤りのタイプ　8, **76**, **98**
敬語の賢い回避　65, 67, 68
敬語の賢い"手抜き"　65

敬語の賢い"逃げ" 67, 68
敬語の効用 10, 88
敬語の心 100
敬語の五種類(「敬語の指針」) 58
敬語の三種類/三分法(尊敬語・謙譲語・丁寧語) 9, 50, 57, 58, 85
「敬語の指針」 9, 48, 58, 59, 96
敬語のシステム 85, 88
敬語の習得 85, 92, 93
敬語の種類 9, 50, 57, 58
敬語の使用にかかわる諸ファクター 3
敬語の体系的な発達 7
敬語の大衆化 92, 95
敬語の〈適用〉(-のルール、-の誤り) 8, 28, 66, 69, 76, 85, 89
　敬語の〈適用〉の変化 85, 89, 90
敬語の捉え方 8
敬語の〈人称変化/人称暗示〉的性質 10, 54, 88
敬語のバランス・アンバランス 55, 62, 64, 65, 76
敬語の変化(の芽) 85, 86, 87, 88, 89, 90, 95, 96
敬語の変質 85, 92, 93
敬語の「乱れ」 91, 94, 95
敬語の歴史 85, 91, 95
敬称 83
敬体 51
敬度の一貫性 55, 64

形容詞の敬語(尊敬語・謙譲語Ⅰ・丁寧語) 7, 23, 30, 56, 61-(1)
形容詞の「ございます」形 56
形容動詞の尊敬語 30, 61-(1)
権限 4, 100
謙譲語 6, 7, 9, 10, 11, 14, 31, 39, 46, 47, 49, 50, 51, 54, 58, 67, 68, 76, 83, 84, 85, 88
　謙譲語とは 31, 32, 35, 39, 57
　「謙譲語」という類を立てる(謙譲語ⅠとⅡを括る)ことの問題点 35, 58
　「謙譲語」に三種ある 39
　謙譲語の典型的な誤用 46
謙譲語Ⅰ 9, 19, 28, 29, 31, 32, 33, 34, 35, 36, 37, 38, 41, 42, 43, 44, 46, 47, 48, 49, 50, 55, 57, 58, 59, 61-(1), 66, 68, 70, 71, 76, 81, 86, 87, 88, 94, 95, 98
　謙譲語Ⅰとしての「お+名詞」 48
　謙譲語Ⅰの 先方を高める働き 32
　謙譲語Ⅰの高める対象 33
　謙譲語Ⅰ vs. 謙譲語Ⅱ 35, 36, 37, 38, 58
　謙譲語Ⅰから謙譲語Ⅱへの変化 91, 94, 95
謙譲語ⅠⅡ 31, 39, 40, 57, 58, 66, 76
謙譲語Ⅱ 9, 31, 35, 36, 37, 38, 42, 44, 45, 46, 47, 49, 55, 57, 58, 59,

77, 78, 91, 94, 95
謙譲語＋尊敬語　**46**, 73, 76, 77, 78, 86
見当違いな人を高める　69, 74, 98
好意的な許可　94
《好悪》の待遇　6
後半だけ敬語にする　20, 22, 42, **62**, 64
国語審議会　13
国語に関する世論調査　73, 77, 78, 80, 90
個人差　18, 53, 61-(3), 74, 76, 78, 83, 87, 94, **97**, 98
言葉づかいの丁寧な人　73, 74, 97, 99
古文の敬語　12, 18, 23, 28, 77, **85**, 91
小松寿雄　88
「これからの敬語」　13
佐伯梅友　32, 47
サ変動詞　→「――する」型動詞
三分(法)　→敬語の三分(法)
然るべき第三者を主語として謙譲語(や丁重語・「ございます」)を使う　45, 46, 47, 54, 56, 76, 77
自敬表現　28
自己完結的な行為に「させていただく」を使う　94
実状とは違った捉え方をする（上下や恩恵の授受に関して）　3, 4, 94, 100
"失礼な無愛想型"（敬語の誤りのタイプ）　98, 99
柴田武　5, 61-(3)
自分を低める　32, 91
社会的地位　3　→地位
社会的ファクター（敬語の使用に関する）　3
〈社会的モード〉で話す　93, 95
社会の平準化傾向　92
社会の変化と敬語　92
若年層　19, 89, 90, 92, 93
社内の敬語　**84**
社内の言葉づかい　2, 68, 83, 90
社内の人物　28, 29, 66, 67, 83
主語　2, 7, 9, 10, **21**, **23**, 35, 42, 43, 45, 46, 47, 50, 55, 59, 68, 70, 76
主語を欠いても敬語によってわかる　10, 83
主語を高める　2, 8, 9, **12**, 29, 30, 31, 47, 49, 50, 57, 58, 59
主語を低める/低く位置づける（謙譲語Ⅰ・Ⅱ・Ⅲの性質）　9, 31, **32**, **35**, **36**, 37, 38, 39, 45, 46, 47, 50, 57, **58**, 59, 91
準敬語　52, 57
上下、上下(の)関係　2, 3, 50, 80, 87, 92
上下の距離　5
《上下》の待遇　6
上下の表現　3, 93
常体　51
《上品←→卑俗》の待遇　6
職場（と敬語）　80, 84, 90, 92, 93
職名　→役職名

所有者　23, 29
所有者敬語
　　謙譲語Ⅰの　33, 37
　　尊敬語の　23, 26, 29, 33, 54
親疎（-の関係、-の距離）　3, 5
心理的ファクター（敬語の使用に関する）　3
スピーチレベルシフト　51
スマートな敬語づかい　10, 62
スマートな尊敬語づかい　17
「──する」型動詞　15, **17**, 35, 40, 62, 63, 95
　　非「──する」型動詞　15, **17**, 40, 62, **63**
生活歴と言語習慣　97
絶対敬語／相対敬語　85
俗語　14
外扱い　67, 68
尊敬語　2, 6, 7, **8**, **9**, 10, 11, **12**, **13**, **16**, **17**, 18, 19, 21, 27, 28, 29, 31, 42, 48, 49, 50, 51, 53, 54, 55, **57**, **59**, 61-(1), 63, 66, 67, 68, 70, 71, 72, 76, 77, 82, 83, 84, 85, 86, 88
　　尊敬語とは　**12**, **57**, **59**
　　「尊敬語」という呼称の問題点　2, 12
　　尊敬語（主な四つ）の整理　16
尊敬語としても謙譲語Ⅰとしても使う語　48, 49, 61-(1)
尊敬の念　2
待遇行動　1
待遇表現　1, 6, 65
　　待遇表現のいろいろ　6

第三者敬語の減少　85, **90**, 91, 92
対話の敬語　9, **50**, 52, 54, **91**, 93
〈対話の敬語〉の伸長　91, 95
高めるのにふさわしくない人物　35, 36, 37, 38
高めるのにふさわしくない人物（高める意味のない人物）を高める　8, 69, 76
高める必要のない第三者（丁重語の主語として）　36, 45, 57
立場の関係　3
誰でも簡単に使える敬語　51, 95
男女差　53, 86
地位　3, 5, 67, 84
地域差　13, 18, 28, 78
茶化した表現　53, 61-(1)
辻村敏樹　50, 52
角田太作　23
強い立場　100
丁重語　36, 38, **45**, 46, 50, 54, 55, **57**, 58, 77
丁重に述べる　→聞手に丁重に述べる
丁寧語　6, 8, **9**, **45**, **50**, **51**, 52, 54, **57**, 58, **59**, 61-(1), 68, 69, 70, 77, 78, 87, 91
　　丁寧語 vs. 美化語　9, **52**, 58
丁寧さの表現　1, 52
《丁寧⟷ぞんざい・乱暴》の待遇　6
〈適用〉　→敬語の〈適用〉
電話をかけるとき　72
同一タテ社会（での上下）　3

東京出身者　86
動作の関係する方面（を高める）　32, 35, 57, 59
時枝誠記　50
特定形　12, 14, 59
ナル敬語　12, **13**, 17, 19, 20, 22, 57, 76
ナル敬語にできない語　**14**, 19, 63
二重敬語　8, 20, **73**, 74, 76
　二重敬語だが、問題のない（誤りでない）場合　12, 38, 73
日記で敬語を使う　35, 36, 39, 41, 52
二人称代名詞（諸言語の）　7
二方面敬語　**47**, 73, 76
日本語の敬語の特色　7
日本文化　68, 94, 100
ニュートラルな待遇表現　1, 6
人間関係（上下関係など）　2, 3
人間関係を円滑にする（敬語が）　10
人称　→敬語的人称、敬語と人称、敬語の〈人称変化／人称暗示〉的性質
ネクタイ敬語　93, 95
年代差　80, 86, 89, 90
年齢の上下　3
配慮　100
話手の意図（敬語を使うかどうかについての）　2
場面　3
原田信一　33

バランス（-のよい敬語、-をとる）　62, **64**, 65, 74
美化語　6, 27, 29, 48, 49, **52**, **53**, 55, 57, 58, 59, 61-(1), 69, 76, 87, 88
　美化語の過剰使用　53, 74, 76
　美化語の個人差　53, 97
非言語行動、非言語表現　1
否定疑問　43
人柄　99, 100
人を立てる（-表現）　1, 7, 59, 84
　cf. 相手を立てる
皮肉（敬語や美化語による）　14, 15, 29, 53, 61-(1)
品位への指向　100
複合動詞の尊敬語　19
副詞の敬語　61-(1)
二つの補語を高める二方面敬語　47
プラス（-の扱い、-の待遇表現）　1, 9
古めかしい（-言い方、-感じ）　15, 16, 18, 77
文化審議会　9, 58, 96
文化庁　73, 77, 78, 80, 90
文体　**51**, **55**
　敬度の高い文体　65
　文体的に「お/ご」がなじまない語　14
　文体と「いらっしゃる」　21, 78
　文体の一貫性　51, 55
文末だけ敬語にする　→後半だけ敬語にする

変則的五段活用 18
方言差 →地域差
方向の表現の敬語化 75
補語 **32**, 33, 42, 59, 68, 76
補語への敬語/補語を高める 31, **32**, 33, **35**, **36**, **37**, **38**, 39, **40**, 42, 47, 57, 59, 66, 71, 76, 88
補語も主語も高める 47
マイナス(-の扱い、-の待遇表現) 1, 9
マクロな敬語史 85, 91, 95
"真心ある失敗型"(敬語の誤りのタイプ) 98, 99
身内 9, 11, 27, **28**, 29, 31, 45, 46, 56, 60, **66**, 69, 76, 83, 87
　身内扱い 28, 66, 67, 68, 83
　身内扱いすべきかどうか難しい場合 67, 68
　身内かどうかをぼかすテクニック 67
　身内の呼び捨て **83**
　身内を高める 3, 8, **28**, 35, 36, 37, 38, 46, 50, **66**, 67, 68, 69, 76, 85, 87
三上章 84
見立ての恩恵 94
南不二男 1
宮地裕 45
向かう先(行為などの) 46, 57, 59, 81
名詞の敬語 7, 9, 29, 49, 57, 59, 61-(1), 66
目下に敬語を使う/目下を高める 2, 3, 51, 100
役職名 83
呼び捨て 83
余分な敬語 64, 65
類推 86
礼儀 4, 100
レル敬語 12, **13**, 14, 16, 17, 20, 28, 57, 63, 78, 86
　レル敬語以上の敬度 63
　レル敬語レベルの敬語 84
和語 13, 16, 29, 30, 61-(1)
話題の敬語 9, **50**, 91
渡辺実 50

〔語彙の部〕

語のあとの(#)は、誤りあるいは問題のある形。

あがる(尊敬語) 12
あげる **87**
「あげる」の美化語化 85, 87
あちら 75
いたす・——いたす 9, 10, 11, 31, **35**, 39, **40**, 45, 46, 55, 57, 82, 94, 95, 98
「いたす」の守備範囲 95
いたされる(#) 46
いただく 4, 31, **42**, 43, 66, 68, **70**,

索引

76, 94, 95
　いただかれる（#）76
　……ていただく　4, 42, 43, 62, 66, **70**, 76, 94, 95
　（……て）いただけませんか　4, **43**
いらした　21
いらして　21
いらっしゃる　1, 2, 4, 10, 11, 12, 14, 18, 20, **21**, 28, 46, 57, 65, 73, 76, 78
　……くていらっしゃる　30, 49, 56
　……ていらっしゃる　20, 21, 62, 64, 83
　……でいらっしゃる　20, 21, **26**, 30, 54, 98
　「いらっしゃる」と文体　21, 78
いられる（#）21, 78
伺う　13, 31, **38**, 57, 66, 76, 91
　伺ってください（#）46
お　→お／ご
　お＋漢語　61-(2)
　「お」の重なり　61-(3)
お会いになる　76
おあがりになる　12
おあげになる　47, 73
お暑い（丁寧語の例）9, 57, 61-(1)
おありになる　20, 21, 23, 54
　おありだ、おありです　20, 21, 23, 54, 55, 62, 98

おいでになる　**12**, 14, 20, 21
　おいでいただく　4
　おいでくださる　4
　おいでだ、おいでです　20, 21
　……ておいでだ　21
　……ておいでになる　21
お伺いいたす　38, 73
お伺いする　33, 38, 73
お伺い申し上げる　38, 73
おうらやましい　49
お仰せつけください　44
お帰り(-です)　20, 29, 61-(1)
お菓子（美化語の例）6, 52, 53, 57, 61-(1)
おからだ（尊敬語の例）9, 29, 61-(1), 66
お……くていらっしゃる　30, 49, 56
お／ご　7, 29, 30, 31, 53, 61
　「お／ご」による意味の転化　53
　「お／ご」のいろいろ　61-(1)
　「お／ご」の使い分け　61-(2), 76
　「お／ご」の付け方の個人差　53, 97
　「お／ご」のなじむ語・なじまない語　**14**, **15**, 16, 17, 18, 22, 29, 30, 40, 56, 61-(3), 62, 63
　「お／ご」の表記　61-(4)
お／ご ― いたす　31, 34, **39**, **40**, 57, 66, 76, 88
お／ご ― いただく　**42**, 43, 64,

68, **70**, 76
お／ご ― くださる（ください）
　12, 13, 14, **22**, 44, 46, 48, 64, 65,
　70, 76
お／ご ― させていただく　94
お／ご ― される（#）　16, 46, 76,
　86, 88
「お／ご ― される」の定着
　85, **86**
お／ご ― していただく　42, 70,
　76（誤用）、47（二方面敬語）
お／ご ― してくださる（くださ
　い）　22, 46, 47, 70, 76（誤用）、
　47（二方面敬語）
お／ご ― する　9, 10, 13, 28, 31,
　32, **33**, **34**, **35**, 38, 39, 41, 42, 46,
　47, 50, 57, 66, 71, 76, **88**
「お／ご ― する」の作れる語・
　作れない語　**34**
「お／ご ― する」の歴史　88
「お／ご ― する」を尊敬語とし
　て使う（尊敬語化）　71, 76, 85,
　88
お／ご ― だ、お／ご ― です
　14, **20**, 25, 62
お／ご ― 続けになる（#）　19
お／ご ― でいらっしゃる　20,
　30
お／ご ― できる　19, **71**（正
　用）、19, **71**, 76（誤用）
お／ご ― なさってくださる（く
　ださい）　22, 46
お／ご ― なさる　9, 12, 14, **15**,
　16, 17, 18, 40, 86, 88
お／ご ― なされる　18, 19
お／ご ― になっていただく　42
お／ご ― になっていらっしゃる
　20, 73
お／ご ― になっている　20, 64
お／ご ― になっておく　20, 62
お／ご ― になってくださる（く
　ださい）　22, 46, 64
お／ご ― になられる（# ＝二重
　敬語）　8, **73**, 76
お／ご ― になり続ける　19
お／ご ― になり始める　19
お／ご ― になる　8, 9, 10, 12,
　13, **14**, **16**, **17**, 19, 20, 22, 23, 28,
　42, 55, 57, 61-(3), 62, 64, 65, 73,
　76, 83, 88
お／ご ― になれる　18, **19**, 23,
　71, 76
お／ご ― 始めになる（#）　19
お／ご ― 申し上げる　31, **41**,
　57, 64, 68, 81, 82
お／ご ―（ら）れになる（# ＝二
　重敬語）　73, 76
おさしあげになる　14, 47, 73
お住まいです、お住まいになる
　25
お食べになる（#）　14, **24**
　お食べくださる（#）　24
お疲れさま　**80**
おっしゃられる（# ＝二重敬語）
　73
おっしゃる　12, 14, 18, 57, 89

索引　283

お手紙　9, **48**, 57, 61-(1), 66
お出になる　14
おなくなりになる　14, 27
おなつかしい　49
お飲みになる　14
お肌　61-(1)
おビール　53, 74, 76
お見えになる　12
おみやげ　48, 53, **61-(1)**
お召しあがりになる　12, **73**
　お召しあがりください　73
お召しになる　12, 14
お目にかかられる（#）　46
お目にかかる　31, 46, 66, 76
お目にかける　31
お求めやすい（#）　30
お休み　61-(1)
おやすみになる（「寝る」の尊敬語）　13, 14
　おやすみです　20
おられる（#）　21, **78**, 98
　……ておられる（#）　20, 83
お料理する　88
おる（おります）　28, 45, 55, 57, 78, 98
　……ておる（おります）　37, 66, 67, 75, 83
お若い（尊敬語の例）　30, 56, 61-(1)
御（おん）-　29
方（かた）　29, 75
貴-　29
玉（ぎょく）-　29

愚-　9, 49, 57
くださる　4, 12, 14, 18, **22**, 28, 42, 47, 48, 57, **70**
　……てくださる　4, 22, 47, 62, 64, **70**
　（……て）くださいませんか　4, 43
くれる　22, 70
　……てくれる　1, 4, 22, 70, 100
賢-　29
ご　→お/ご
　往復はがきの「ご」　82
ご挨拶　48, 57, 61-(1), **68**, 81
高-　29, 61-(4)
ご遠慮申し上げます（新年のご挨拶を）　81
ご苦労さま　80
ござあり（古語）　91
ございます　9, 51, **54, 55, 56**, 57, 60, 62, 65, 67, 68, 76, 79, 91, 98
　形容詞＋ございます　**56**
　……でございます　26, 51, 54, 55, 65, 67, 68, 72, 98
　「ございます体」、「ございます」の文体　51, **55**, 76
　「ございます」と人称　54
　「ございます」を上手に使う　67, 68
　「ございます」を使う難しさ　**55**, 64
ござる（古語）　91
ご住所　29, 57, 59, 61-(2), 82
ご存じ（-です）　12, 20, 37

こちら　65, 75
ご飯　52, 57, 60
ごらんに入れる　31
ごらんになる　12, 13, 14, 60
　ごらんです　20
さうらふ（古語）　91
さしあげる　31, 48, 57, 66, 87
　……てさしあげる　4
……（さ）せていただく　76, 82, **94, 95,** 98
「……（さ）せていただく」の過剰使用／謙譲語Ⅱ化／「乱れ」　74, 76, 85, 88, 91, **94, 95**
さぶらふ（古語）　91
される・──される　14, 50, 64, 65, 66, 86
小-　49, 57
拙-　49, 57
そちら　75
尊-　29
存じ上げる　31, **37,** 57, 98
存じる　31, **37,** 45, 55, 57
……たいですか　4
……ちゃん　6
つかまつる（古語）　91
です　54, 60, 67, 72
です・ます　6, **9,** 13, **50,** 51, 52, 54, 57
　文体としての「です・ます」　51
とんでもございません　**79**
なくなる　**27**
なさる・──なさる　10, 11, 12, 14, **15, 16, 17, 18,** 23, 40, 50, 57, 62, **63,** 64, 65, 86, 89
　なさっている　67
なされる・──なされる　**18**
……のほう　**75**
拝-　31, 49
拝見　31, 49, 60, 66
拝借　31, 49
はべり（古語）　91
弊-　49, 57
芳-　29, 82
本日　52, 57
まいられる　(#)　46, 76, 77
まいる　10, 11, 31, **38,** 45, 46, 50, 55, 57, 76, 77, 91, 95
　……てまいる　38
ます　→です・ます
「ます」の歴史　91
「ます」を付けて使う謙譲語、付けずに使える謙譲語　35, 36, 39, 41
まらする（古語）　91
まゐらす（古語）　91
見える　12
召しあがる　12, 13, 14, **24,** 57, 76
　召しあがってくださる　24
　召しあがれる　19
召す　12
申される　(#)　**77,** 78
申し上げる　31, **36,** 57, 66, 68
　──申し上げる　41, 81
申す　31, **36,** 45, 55, 57, **72,** 77, 91, 95
「申す」を含む語　44

者 29, 72
もらう 42, 70, 76
　……てもらう 4, 42, 43, 70, 100
やがる 1, 6
やる 87

……てやる 4, 100
(ら)れる 8, 12, **13**, **16**, 57, 64, 65, 77, 78, 84, 86
(ら)れている 20
令- 29

KODANSHA

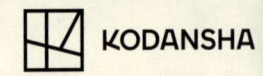

本書の原本は1996年8月、丸善株式会社より刊行されました。再刊にあたっては、文化審議会「敬語の指針」(2007)にも触れ、「指針」にあわせて原著の「謙譲語A・B」を「謙譲語Ⅰ・Ⅱ」としたほか、改稿を加えました。内容、章立て、節の順序が、一部原本と変わっています。

菊地康人(きくち やすと)

1954年東京生まれ。東京大学文学部卒業，同大学院博士課程修了(単位取得)。同助手・講師・助教授・教授を経て，現在，東京大学名誉教授，国学院大学教授。専攻は言語学(とくに日本語の文法・敬語)および日本語教育。本書の姉妹編『敬語』(講談社学術文庫)を中心とする現代敬語の研究で，金田一賞(金田一京助博士記念賞)受賞。

けいごさいにゅうもん
敬語再入門
きくちやすと
菊地康人

2010年3月10日　第1刷発行
2025年7月3日　第11刷発行

発行者　篠木和久
発行所　株式会社講談社
　　　　東京都文京区音羽 2-12-21 〒112-8001
　　　　電話　編集 (03) 5395-3512
　　　　　　　販売 (03) 5395-5817
　　　　　　　業務 (03) 5395-3615

装　幀　蟹江征治
印　刷　株式会社広済堂ネクスト
製　本　株式会社国宝社
本文データ制作　講談社デジタル製作

© Yasuto Kikuchi　2010　Printed in Japan

落丁本・乱丁本は，購入書店名を明記のうえ，小社業務宛にお送りください。送料小社負担にてお取替えします。なお，この本についてのお問い合わせは「学術文庫」宛にお願いいたします。
本書のコピー，スキャン，デジタル化等の無断複製は著作権法上での例外を除き禁じられています。本書を代行業者等の第三者に依頼してスキャンやデジタル化することはたとえ個人や家庭内の利用でも著作権法違反です。

講談社学術文庫

定価はカバーに表示してあります。

ISBN978-4-06-291984-5

「講談社学術文庫」の刊行に当たって

これは、学術をポケットに入れることをモットーとして生まれた文庫である。学術は少年の心を養い、成年の心を満たす。その学術がポケットにはいる形で、万人のものになることは、生涯教育をうたう現代の理想である。

こうした考え方は、学術を巨大な城のように見る世間の常識に反するかもしれない。また、一部の人たちからは、学術の権威をおとすものと非難されるかもしれない。しかし、それはいずれも学術の新しい在り方を解しないものといわざるをえない。

学術は、まず魔術への挑戦から始まった。やがて、いわゆる常識をつぎつぎに改めていった。学術の権威は、幾百年、幾千年にわたる、苦しい戦いの成果である。こうしてきずきあげられた城が、一見して近づきがたいものにうつるのは、そのためである。しかし、学術の権威を、その形の上だけで判断してはならない。その生成のあとをかえりみれば、その根はなくない。

開かれた社会といわれる現代にとって、これはまったく自明である。生活と学術との間に、もし距離があるとすれば、何をおいてもこれを埋めねばならない。もしこの距離が形の上の迷信からきているとすれば、その迷信をうち破らねばならぬ。

学術文庫は、内外の迷信を打破し、学術のために新しい天地をひらく意図をもって生まれた。文庫という小さい形と、学術という壮大な城とが、完全に両立するためには、なおいくらかの時を必要とするであろう。しかし、学術をポケットにした社会が、人間の生活にとってより豊かな社会であることは、たしかである。そうした社会の実現のために、文庫の世界に新しいジャンルを加えることができれば幸いである。

一九七六年六月

野間省一